...y la comida se hizo

Económica

Catalogación en la fuente

Fernández, Beatriz L.
        . . . Y la comida se hizo : económica. -- 3a ed. --
México : Trillas, 1990 (reimp. 2009).
        142, [9] pp. : il. col. ; 27 cm. -- (. . . Y la comida
se hizo ; 2)
        ISBN 978-968-24-4020-5

        1. Cocina - Manuales, vademecums, etc. 2. Recetas.
I. Yani, María. II. Zafiro, Margarita. III. t. IV. Ser.

D- 641.508'F565e   LC- TX716.A1F4'F4.42   1474

División Administrativa
Av. Río Churubusco 385
Col. Pedro María Anaya, C. P. 03340
México, D. F.
Tel. 56884233, FAX 56041364

División Comercial
Calzada de la Viga 1132
C. P. 09439, México, D. F.
Tel. 56330995, FAX 56330870

www.trillas.com.mx

Miembro de la Cámara Nacional de
la Industria Editorial
Reg. núm. 158

Primera edición XL
ISBN 968-24-1874-7
♥(XA)
(Primera publicada por
Editorial Trillas, S. A. de C. V.)
♥(XM, XE)
Segunda edición 1-OS
ISBN 968-24-3854-3
Tercera edición 2-OS
ISBN 978-968-24-4020-5
♥(OR, OI, OA, SI, SA)

Reimpresión, 2009

Impreso en México
Printed in Mexico

Se imprimió en
Rotodiseño y Color, S. A. de C. V.
B 105 RW

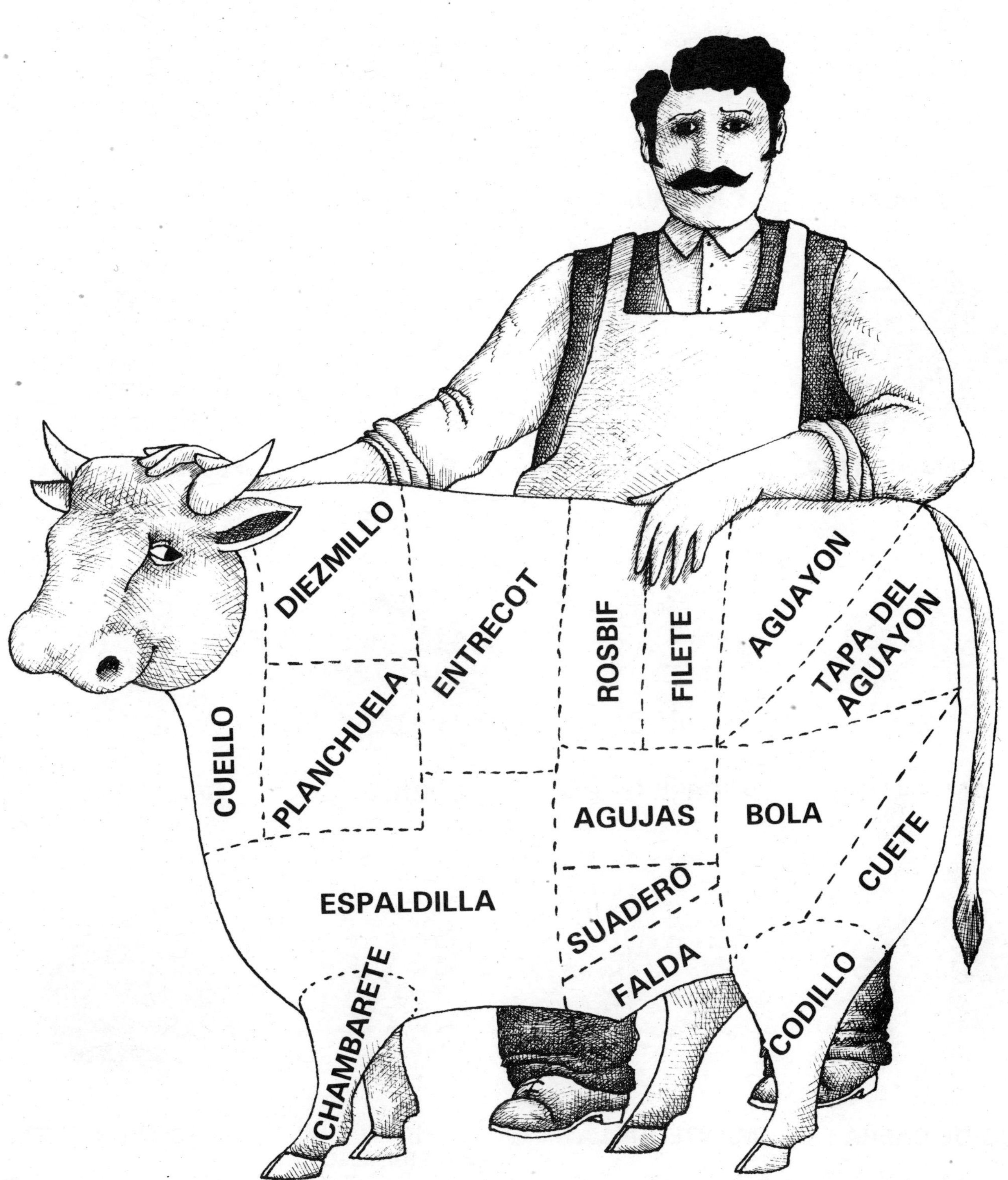

CUELLO
DIEZMILLO
PLANCHUELA
ENTRECOT
ROSBIF
FILETE
AGUAYON
TAPA DEL AGUAYON
AGUJAS
BOLA
ESPALDILLA
SUADERO
CUETE
FALDA
CODILLO
CHAMBARETE

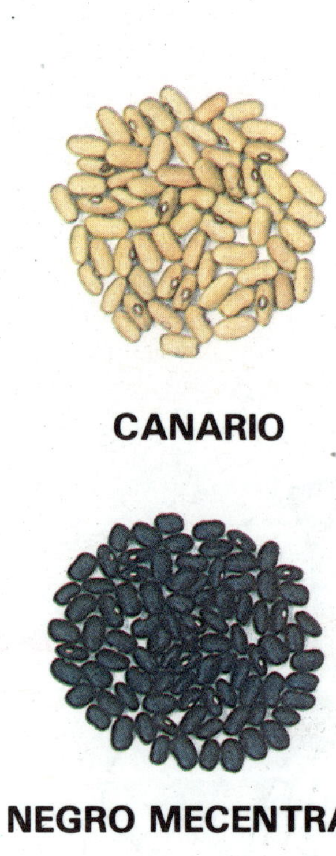

CANARIO

CACAHUATE

PORRALIÑO

PIRU

NEGRO MECENTRAL

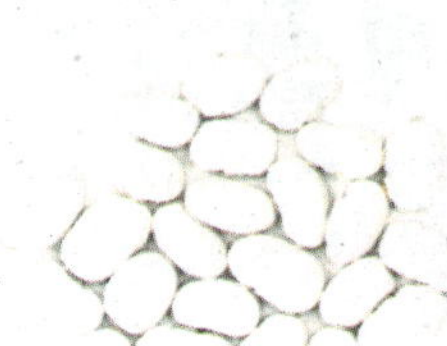

ALUBIA
GRANDE

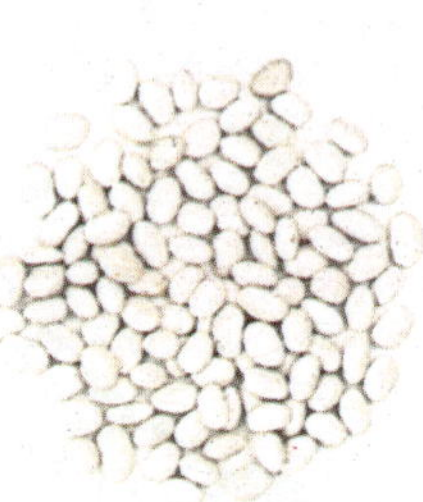

BLANCO

FLOR DE MAYO

AMARILLO

TORRIDO

MORO

GARBANCILLO

OJO DE CABRA

MANTEQUILLA

PINTO
AMERICANO

OYOCOTE NEGRO

Índice

1. fácil
3. rápida
4. para celebrar

...y la comida se hizo

Presentamos en estos libros cerca de medio millar de recetas para hacer sopas, antojitos, guisados, postres y bebidas.

Medio millar de platillos es un número pequeño comparado con la variedad que encontramos a largo y a lo ancho de México, donde disfrutamos de una de las cocinas más ricas del mundo, riqueza que proviene de la diversidad de climas y culturas de nuestro país, pero también, fundamentalmente, de la viva imaginación de los mexicanos. De ella surge esa varidad increíble de maneras de preparar platillos a partir de unos mismos alimentos básicos. Con ella tenemos unidad en la diversidad.

Nos sentimos orgullosos de la cocina mexicana y queremos compartir con usted nuestro orgullo. Pero no es menor nuestro deseo de que a través de estas páginas pueda hacer más variada su cocina, al mismo tiempo que sea capaz de hacer mucho más con el mismo gasto y con menor esfuerzo.

Estos dos propósitos —el orgullo de lo nuestro y su utilidad práctica— marcaron las pautas para la organización del material de estos volúmenes.

Hubo que seleccionar las recetas a partir de una enorme cantidad de material muy diverso entre sí. Estas fueron probadas después en una cocina casera.

Para las mujeres mexicanas, llenas de ingenio y maestras de la improvisación, cada una de las

recetas habrá de ser seguramente tan sólo un punto
de partida para lograr muchos más platillos, ya sea
sustituyendo algunos de los ingredientes o bien
agregándole el sabor de su propia región.

Cada tomo tiene una orientación precisa. Así, la
mayoría de las recetas del primero son de fácil
realización, mientras que las del segundo procuran
ser económicas, las del tercero se basan en la
rapidez y, finalmente, las del cuarto están pensadas
para reuniones, para fiestas, en fin, para celebrar.
De todos modos, puede haber platillos
relativamente más complicados en el primer tomo y
más sencillos en el último, y asimismo habrá recetas
que sean a la vez económicas y rápidas. En cada
tomo se presenta un primer capítulo donde se
comenta la historia de la cocina, desde los antiguos
mexicanos hasta nuestros días y, al mismo tiempo,
se ofrecen consejos prácticos y nutricionales en las
páginas de introducción de las distintas secciones.

Con estos libros hemos querido rendir homenaje a
la mujer mexicana, pues ella es la que ha creado la
variedad y la riqueza infinitas de nuestra cocina.
Como también han sido principalmente las mujeres
las que han recuperado la tradición oral de esa
cocina y la han puesto por escrito. Sin el trabajo
denodado de Josefina Velázquez de León, Elena
Ocampo, Ana María Guzmán de Vázquez
Colmenares y muchas otras mujeres que dedicaron
su vida a este tema, estos libros no podrían haber
aparecido.

Notas sobre la comida en el México colonial

Españoleş vendiendo carne. **Códice Florentino.**

Llegaron los españoles

Cortés traía en sus naves sólo dos alimentos: pan de cazabe y tocino.

Una raíz harinosa de las islas del Caribe y un derivado del puerco, introducido en Cuba algunos años antes por los españoles.

Después y con el tiempo fueron llegando de España distintos tipos de ganado, la caña de azúcar, las semillas de distintos cereales, empezando por el trigo. También llegó con los españoles el nombre caribe de nuestra planta nacional, el teoxintli, llamada en lengua de las islas maíz. Había comenzado el mestizaje.

El chocolate. Anónimo de la serie de las castas. **Museo Nacional de Historia, Castillo de Chapultepec.**

¿Cómo se produjo el mestizaje?

Los españoles se aficionaron al chile, a las tortillas, al frijol, al cacao, al guajolote y a los quelites.

Los indígenas probaron el aceite y otras grasas, también el vino, y aderezaron sus comidas con vinagre. Empieza a surgir otra comida, sabrosa y refinada, donde se casan distintos ingredientes: el chocolate ya no sirve como moneda, poco a poco será la bebida de los curas y las señoritas, servido espumante con leche y con azúcar. Los tamales serán más suaves y esponjosos porque se les ha añadido manteca. Las tortillas siguen usándose como principio, medio y fin de las comidas y de su inagotable especie surgirán los antojitos: las tostadas, las garnachas, los sopes, las pellizcadas...

Fraile en la cocina. Ceramica. **Museo Bello, Puebla.**

Las instituciones religiosas y la comida

Aunque el número de españoles que llegó a México no fue
muy grande, su posición como clase dominante modificó
muchas de nuestras instituciones. En lugar del teocali se
edificaron iglesias y se construyeron conventos. En los
conventos vivieron frailes que enseñaron a los indios otros
cultivos y otras técnicas de conservación y preparación de
alimentos. Los huertos de los conventos y los campos fueron
los centros de investigación agrícola de la Colonia y también
los criaderos del ganado. Los conventos de monjas, aparecidos
hacia el siglo XVII, aportaron a la comida mexicana, como
principal contribución, los primores de los postres y el
refinamiento de los moles.

13

El maíz y los otros cereales

El maíz subsistió y sigue formando parte eminente de nuestra comida aunque el trigo que los españoles trajeron también se aclimató y ahora podemos verlo en todas las panaderías, en forma de teleras, bolillos y una infinita variedad de panes dulces.

El arroz traído de Oriente por la nao de la China prendió en nuestro país con tanta fuerza como el trigo. Ahora no hay comida mexicana que no incluya entre sus platillos la sopa seca que muy a menudo se conoce como arroz a la mexicana.

Panes en el mercado. La salida del Virrey. (Detalle), **Museo Nacional de Historia, Castillo de Chapultepec.**

El mercado del Parián. Anónimo. (Col. particular).

El maíz fue la salvación

Así fueron refinándose las distintas formas de utilizar el maíz y
la tortilla, que se vendía en los tianguis, en toda su variedad
siguió su camino por los mercados coloniales, que
combinaban las viejas instituciones prehispánicas con lo
español.

Eran las mujeres las que elaboraban el nixtamal y la mayor
parte de su tiempo lo dedicaban a este menester. La invención
del molino de nixtamal les dio cierta libertad; con todo,
muchas son las que siguen amasando en el metate y echando
la tortilla en el comal.

Preparación de chiles rellenos. Anónimo de la serie de las castas. **Museo Nacional de Historia, Castillo de Chapultepec.**

El chile y las especias: el intercambio

Una de las causas del descubrimiento y la conquista de América fue la búsqueda de las especias. En México existían chiles de todas clases y algunos de ellos se llevaron a Europa, y se convirtieron en el pimiento dulce o la paprika.

También de México proceden la vainilla y el aromático epazote, pero hasta aquí llegaron y se quedaron la canela (utilizada en tantos postres y en nuestro café de olla), la pimienta blanca y la negra, los cominos, el orégano. Pero el chile sigue siendo nuestro condimento básico, así como, por su abundancia de vitaminas y sus propiedades medicinales, alimento por excelencia de nuestro pueblo.

Puestos del mercado. La salida del Virrey. (Detalle), **Museo Nacional de Historia, Castillo de Chapultepec.**

El frijol y las legumbres

Muchas variedades de frijol son nativas de México, y algunas se exportaron a Europa. Su uso siguió siendo generalizado durante toda la colonia y ha llegado hasta nuestros días.

Es bueno recordar que la vaina verde del frijol se sigue llamando en México ejote, españolización de su nombre indígena exotl. A su vez, los españoles trajeron el garbanzo que se ha incorporado a nuestra cocina al igual que otras legumbres, como el chícharo, la lenteja y las habas.

Con todo, el frijol sigue siendo el amo, pues no en balde la gente dice cuando la vida está cara: "ya no alcanza ni para frijoles".

Verduras y frutas

Muchas fueron las verduras que adquirieron carta de
ciudadanía en nuestras tierras: la coliflor, la lechuga, la
zanahoria, y las que proceden de nuestro suelo fueron
combinándose con productos con los que nunca antes se
habían asociado. Así, la flor de la calabaza empezó a capearse
con huevo y harina de trigo y a freírse en aceite, mientras que
las rajas de chile nadaban felices en medio del caldillo de
jitomate aderezado con su rama de epazote. El pollo se hacía
en mixiote con tomates y cebolla y también con chile ancho,
cuaresmeño o guajillo. La jícama mezclada con el betabel
europeo como la col, las manzanas o las naranjas y limones,
se preparaba en ensalada mexicanísima de Navidad, servida
después de los romeritos o los patrióticos nopales. No
olvidemos, finalmente, el tradicional y sabroso guacamole,
hecho de aguacate y jitomate mexicanos y de cebolla y perejil
europeos.

Vendedora de frutas y verduras. Anónimo de la serie de las castas. **Museo Nacional de Historia, Castillo de Chapultepec.**

Cerdo destazado. Anónimo. (Col. particular).

El ganado y su importancia

Una de las primeras cosas que trajeron consigo los españoles
a estas tierras fue, desde luego, los distintos tipos de ganado.
Cortés trajo el puerco, que se aclimató con bastante rapidez a
la Nueva España. La carne, la leche y el cuero cambiaron
aspectos de una cultura que no conocía la leche y que tardó
mucho tiempo en adaptarse a ella, pues se descomponía
fácilmente y producía enfermedades del estómago. La carne
de res era de sabor fuerte, muy distinta al tipo de delicadas
carnes a las que estaba acostumbrado el indígena. En el siglo
XVI, la gente del campo dejaba pudrir los animales con el fin
de utilizar sus cueros; con todo, y por su tamaño, la vaca era
ideal como fuente de alimentos para mucha gente.

La mejor forma de utilizar la leche fue añadirla al azúcar para
hacer postres y conservarla mezclada con almendra, piñones o
arroz.

La barbacoa, antiguo procedimiento indígena de preparar la
carne, se amestizó: empezó a utilizarse con los cabritos,
traídos junto con las vacas de España.

Tacos y caldillos. Anónimo de la serie de las castas. **Museo Nacional de Historia, Castillo de Chapultepec.**

El aceite en la comida

La comida española era a su vez producto de varios mestizajes. El aceite, por ejemplo, procedía de los árabes.

En México, los guisados y los aderezos de las ensaladas empezaron a propagarse desde la Conquista y los frijoles, que antes se comían directamente de la olla, hervidos con su epazote, empezaron a refreírse con chorizo, a molerse y cubrirse con queso rallado y a untar en las tortillas.

El aceite sirvió para preparar todo tipo de caldillos en los que reinaba el jitomate molido en molcajete junto con el ajo y la cebolla traídos de España, y, asociados con el chile, los alimentos adquirían una nueva gama de sabores y refinamientos.

El azúcar

Otro de los productos importantes traído de Europa fue la caña con la que se producía el azúcar, que resultó pronto imprescindible para la economía y la alimentación de la Nueva España.

El azúcar morena —no granulada y sólida, en forma de cono, llamado panocha o piloncillo— adornaba, recién salida de su molde, las mesas más humildes. Era, el pueblo lo sabía bien, al igual que el chocolate rústico de tablilla, un alimento menos dañino que el azúcar refinada o el elaborado chocolate europeo. Las trompadas redondas y silenciosas, oscuras y rayadas, tienen una leve reminiscencia nostálgica de esos dulces coloniales. Nosotros seguimos usando el piloncillo, indispensable para preparar nuestra calabaza en tacha o los tejocotes navideños.

Puesto de mercado. (Detalle). Anónimo, Museo Nacional de Historia, Castillo de Chapultepec.

La venta de bebidas. La salida del Virrey. (Detalle), **Museo Nacional de Historia, Castillo de Chapultepec.**

Las bebidas y el alcohol

El azúcar servía también para preparar bebidas. En las grandes haciendas se destilaba un producto clandestino y censurado: el chinguirito, aguardiente de caña, de sabor fuerte y duro. Era muy fácil prepararlo: se echaba con agua y miel en grandes cueros de res y se dejaba junto a la lumbre para acelerar su fermentación. Luego, en un alambique casero e improvisado se refinaba. Durante los tres siglos de la colonia se persiguió a quien lo fabricara, pero los indigenas lo siguieron preparando, siempre a escondidas. También bebían el tepache, preparado con caña o con piña y a ratos sustituto del pulque, la bebida más popular durante la Colonia.

Los conventos y los postres

No muy a menudo se piensa que parte de la cocina colonial se creó entre rezo y rezo en el interior de los conventos.

Las monjas bordaban y conversaban con Dios, preparaban ricos alimentos para sus confesores y para sus otras hermanas y, como hasta ahora lo siguen haciendo, salían de su retiro para llevar al exterior, a las casas o a los mercados, el producto preparado con sus atareadas manos.

La Casa del Alfeñique es famosa en Puebla porque sus esculturas de estuco reproducen las variadas formas de los dulces conventuales. Las más diversas formas y colores, los más extraños y deliciosos casamientos hicieron de este arte repostero el arte colonial por excelencia.

Casa del Alfeñique, **Puebla.**

Cocina del convento de Santa Rosa, **Puebla.**

El mole y las monjas

Asociado a los conventos y a la infinita paciencia de las monjas, el mole exige tiempo de preparación y un ingenio singulares. Es producto eminentemente mestizo por su manera de elaborarse y por el tipo de costumbres que impuso la Colonia. Sin las instituciones coloniales el mole no habría existido; sin productos mexicanos, tampoco; sin el mestizaje, menos.

La palabra quiere decir desmenuzar, triturar. En el proceso de trituración los ingredientes se hacen polvo, para formar luego una pasta en donde quedan íntimamente mezclados. En el mole, las cosas se unen a tal punto que la almendra y el ajonjolí árabes se matrimonian a la perfección con el chile y el chocolate y el guajolote prehispánicos.

 El niño Manuel Miguel María. (Detalle), **Museo Nacional de Historia, Castillo de Chapultepec.**

Generalidades

Es bueno comprar por anticipado y planear cuidadosamente la organización de la casa, sobre todo ahora que el dinero parece escurrirse de la bolsa como el agua de las llaves. Para sacarle mayor provecho al dinero sin sacrificar la calidad de los alimentos es mejor comprar verduras y frutas de temporada, elegirlas bien y dejar que vayan madurando a lo largo de la semana, para usar las necesarias sin que se marchiten o desaprovechen. Cuando vaya al supermercado haga listas precisas y no se deje tentar por las múltiples ofertas que las tiendas modernas despliegan como gancho. Es mejor alternar las compras entre el supermercado, el mercado, el tianguis y el estanquillo: compre los productos de despensa en el supermercado y los alimentos perecederos y frescos en el mercado. No vaya de compras a horas pico porque pierde usted el tiempo y se cansa inútilmente; evite los alimentos enlatados y muchos de los productos que se anuncian en la televisión: hacen agujeros en·sus bolsillos y aumentan el número de centímetros de su cintura.

Para que los productos de la compra se utilicen racionalmente es necesario darles un orden en la alacena o guardarlos en el refrigerador. En el congelador se colocan las carnes, los pescados, los mariscos, los helados. También puede usted comprar tortillas y pan y congelarlos, si no tiene tiempo para comprarlos a diario. Las carnes y los pescados deben envolverse en papel celofán o en

papel de aluminio o encerado. Los alimentos que
sobren de la comida y los preparados de antemano
pueden colocarse en botes de plástico y
almacenarse en el refrigerador o congelarse. En la
parte superior de su aparato puede colocar la leche
y, en general, los alimentos que requieran mayor
refrigeración. En las demás parrillas coloque usted
las sobras de la comida que se recalentarán para el
almuerzo o la merienda. Tape usted los alimentos
para protegerlos y evitar los malos olores en su
refrigerador. Use una caja destapada de bicarbonato
de sodio para suprimir los olores y repóngala cada
tres o cuatro meses. No olvide que su refrigerador
debe descongelarse y mantenerse limpio.

Sopas y huevos

En una sopa cabe todo...

Nada hay como la sopa. Para hacerla puede echar mano de lo que tenga a la mano, y perdone usted la aparente redundancia: si no tiene más que sobras del día anterior con ellas puede preparar una sopa, y si no tiene dinero para cocinar salga usted del paso con una buena sopa: de higaditos, de avena o de huevo. Siga las instrucciones y agregue una pizca de imaginación.

2 jitomates
4 elotes tiernos y desgranados
4 calabacitas picadas
6 tazas de caldo de pollo
1 trozo de cebolla
1 ramita de epazote
1/2 taza de queso rallado
1 diente de ajo
– aceite para freír
– sal

Sopa de elote

1. Licue los jitomates con la cebolla y el ajo. Fría hasta que sazone.

2. Agregue el elote y las calabacitas. Fría 5 minutos más.

3. Vierta el caldo a la fritura y añada el epazote; hierva a fuego bajo 20 minutos. Añada sal y sirva con queso rallado al gusto.

Sopa de huevo

3 huevos
6 tazas de caldo
   de pollo
3 cucharadas
   cafeteras de
   harina
1 pizca de nuez
   moscada
1 cucharada
   cafetera de
   perejil picado
- sal y pimienta

1. Bata los huevos con la harina.

2. Hierva el caldo y luego agréguele la mezcla de los huevos, pasándola sin agitarla por un colador; deje que se cueza a fuego bajo unos 10 minutos. Añada nuez moscada, sal y pimienta. Sirva con perejil picado.

Sopa de avena

1 taza de avena en
   hojuela
6 tazas de caldo
   de pollo
1/2 cebolla rebanada
   – aceite para freír
   – sal y pimienta

1. En una cazuela fría primero la cebolla hasta que se ponga transparente; agregue la avena y fría un poco más.

2. Vierta el caldo y mueva a fuego bajo hasta que la avena se cueza. Añada sal y pimienta.

Sopa de albondiguitas

150 g de carne de
res molida
1/2 col rebanada
finamente
1 poro rebanado
finamente
2 nabos rallados
grueso
2 zanahorias
ralladas grueso
6 tazas de caldo
de pollo
1 huevo
1/2 cebolla rebanada
- aceite para freír
- sal y pimienta

1. En una cazuela fría todos los vegetales en aceite caliente durante unos 10 minutos, moviendo de vez en cuando. Vierta el caldo y hierva. Baje el fuego.

2. Mezcle la carne molida con el huevo, sal y pimienta y haga bolitas pequeñas; agréguelas al caldo. Cueza todo más o menos 30 minutos.

Sopa de higaditos

12 hígados de pollo
6 tazas de caldo
1 cebolla
2 dientes de ajo
1 cucharada
  sopera de harina
1 cucharada
  cafetera de
  perejil picado
1/2 vaso de vino
– aceite para freír
– sal y pimienta

1. Lave bien los hígados y cuézalos con el ajo y media cebolla durante unos 20 minutos. Ya cocidos, pique la mitad y licue la otra mitad con un poco del caldo en que los coció.

2. En una cacerola fría la cebolla picada; agregue la harina sin dejar de mover y, cuando se dore, vierta el caldo con los hígados molidos. Añada sal y pimienta. Hierva y luego añada los hígados picados, el perejil y el vino.

Sopa tarasca

1 taza de frijol
2 jitomates
3 tazas de caldo
  de puerco o
  pollo
1 trozo de cebolla
1 diente de ajo
4 tortillas
1 taza de queso
  fresco
  desmoronado
- chile pasilla al
  gusto
- aceite para freír
- sal

1. Remoje los frijoles y cuézalos en 3 tazas de agua; lícuelos con su caldo.
2. Ase y pele los jitomates. Lícuelos con el ajo y la cebolla; fría en una cacerola hasta que sazonen.
3. Agregue el frijol licuado y el caldo. Deje que hierva unos minutos a fuego bajo. Añada sal.
4. Corte las tortillas en tiritas, fríalas en aceite y escúrralas. En la misma grasa fría el chile, escúrralo y córtelo.
5. En platos hondos coloque las tiras de tortilla y las rajas de chile. Vierta la sopa caliente encima y espolvoree con queso.

Sopa de ostiones

4 **docenas de ostiones (de frasco)**
1 **jitomate**
2 **papas cortadas en cuadritos**
2 **zanahorias cortadas en cuadritos**
1 **diente de ajo**
1 **cucharada sopera de harina**
1/2 **vaso de vino blanco**
2 **rebanadas de pan de caja en cuadritos**
— **aceite para freír**
— **sal**

1. Disuelva la harina en un poco de agua.

2. Ase y pele el jitomate, licuelo con el ajo y fría en aceite, hasta que sazone.

3. Agregue 6 tazas de agua, las papas, las zanahorias, la harina y sal y cueza hasta que la verdura esté tierna.

4. Baje el fuego. Agregue los ostiones y el vino. Cueza 10 minutos más.

5. Dore los cuadritos de pan y agréguelos a la sopa ya servida.

Caldo de pescado

 2 cabezas de pescado
10 tomates
 2 papas peladas y cortadas en cuadritos
 2 dientes de ajo
 1 trozo de cebolla
 1 rama de epazote
 3 limones
 – chile serrano al gusto
 – aceite para freír
 – sal

1. Licue los tomates, los chiles, los ajos y la cebolla. Fría en una cazuela durante 5 minutos. Sazone.

2. Agregue las cabezas de pescado, las papas, 7 tazas de agua y la rama de epazote. Hierva hasta que estén cocidas las papas. Añada sal.

3. Sirva con medios limones y chiles serranos.

Caldo de camarón

100 **g de camarón seco**
  2 **zanahorias cortadas en cuadritos**
 10 **papitas de cambray**
  2 **hojas de laurel**
  - **chile serrano al gusto**
  - **pimentón en polvo**

1. Limpie el camarón y enjuáguelo bien para quitarle lo salado.

2. En una olla con 7 tazas de agua hierva el camarón con las papas unos 10 minutos, agregue las zanahorias, el chile y las hojas de laurel. Cuando los vegetales estén tiernos, agregue el pimentón; sirva caliente. No es necesario poner sal.

Caldo tlalpeño

4 **alones y 2 rabadillas de pollo**
3 **chiles chipotles**
1 1/2 **taza de garbanzos**
1 **cebolla**
2 **dientes de ajo**
1 **rama de epazote**
2 **tazas de ejotes cortados**
3 **zanahorias cortadas en rodajas**
3 **limones**
– **sal**

1. Desde la noche anterior ponga a remojar los garbanzos.

2. Cueza el pollo a fuego bajo en 8 tazas de agua con los garbanzos, un trozo de cebolla y el ajo, hasta que los garbanzos estén suaves.

3. Agregue el epazote, los chipotles, las zanahorias y los ejotes; hierva a fuego bajo. Añada sal. Sirva cuando la verdura esté tierna. Ya en los platos, ponga limones partidos y cebolla picada.

Caldillo durangueño

1/2 **kg de bisteces delgados cortados en cuadritos**
2 **chiles (poblanos, mulatos, anchos)**
1 **jitomate grande**
1 **cucharada sopera de cebolla picada**
1 **diente de ajo**
– **aceite para freír**
– **sal**

1. Fría la carne.
2. Ase y pele el jitomate, fríalo con el ajo y la cebolla. Agréguelo a la carne.
3. Ase, limpie y desvene los chiles. Pártalos en rajas y añádalos a la carne. Agregue 5 tazas de agua, sal y hierva hasta que la carne esté suave.

Macarrón con sesos

1 paquete grande
  de macarrones
1 seso de ternera
1 cebolla
2 jitomates
1 taza de crema
1/2 taza de queso
  rallado
  – aceite para freír
  – sal

1. Cueza los macarrones en agua con cebolla y sal (unos 3 minutos). Cuando estén suaves, escúrralos.

2. Licue el jitomate y fríalo hasta que sazone. Añada la crema y sal.

3. Lave el seso y hiérvalo en agua con sal hasta que esté tierno. Desprenda la piel y desmenúcelo.

4. En un refractario engrasado, vacíe los macarrones, vierta sobre ellos la salsa y los sesos picados; espolvoree con queso. Hornee a fuego medio hasta que se derrita el queso. Sirva de inmediato. (En lugar de sesos, puede usar atún desmenuzado, salchichas o jamón picados.)

Fabada

2 tazas de alubias
150 g de codillo de
    puerco en trozos
1 hueso de jamón
100 g de recorte de
    fabada
2 jitomates
    grandes molidos
    y colados
1 trozo de cebolla
2 dientes de ajo
– aceite para freír
– sal

1. Remoje las alubias durante dos o tres horas, para ablandarlas. Escúrralas y hiérvalas en olla exprés, con 4 tazas de agua, el hueso de jamón, la cebolla y sal, durante 30 minutos.

2. Fría el recorte junto con el ajo y la carne de puerco, agregue el jitomate y hierva hasta que espese un poco.

3. Cuando la olla de presión se haya enfriado (que no tenga presión), ábrala, agregue la fritura de jitomate y carne, mueva, tape la olla y cueza 15 minutos más.

Moros con cristianos

2 tazas de arroz
  integral
1 taza de frijol
  negro cocido
4 tazas de caldo
  de frijol
1/2 cebolla
1 diente de ajo
1 rama de epazote
2 plátanos
  machos
– aceite para freír
– sal

1. Remoje el arroz en agua fría durante 15 minutos. Escúrralo.

2. Licue el ajo y la cebolla con un poco de agua.

3. Fría el arroz unos minutos, añada el ajo y la cebolla y siga friendo.

4. Agregue los frijoles y las 4 tazas de caldo, sal y epazote. Cueza sin mover hasta que el arroz esté tierno.

5. Corte los plátanos a lo largo, fríalos y póngalos sobre el arroz.

Budín de tamal

1/2 pechuga de
    pollo
  6 tamales de mole
  6 chiles pasilla
  4 dientes de ajo
1/2 taza de crema
1/2 taza de queso
    rallado
  – sal

1. Cueza la pechuga en agua con sal. Deje enfriar.

2. Limpie, desvene y remoje los chiles. Licuelos con el ajo y un poco del caldo donde coció la pechuga. Fría hasta que sazone. Agregue 1/2 taza de caldo. Apague el fuego.

3. Abra los tamales a la mitad, a lo largo.

4. En una cazuela engrasada coloque una capa de medios tamales, después otra de salsa; cubra con pollo deshebrado y termine con otra capa de tamal. Cubra con queso y crema. Bañe con el resto de la salsa. Caliente en el horno y sirva.

Budín de longaniza

18 tortillas
1/4 kg de longaniza
3 papas
15 tomates verdes
1 trozo de cebolla
2 dientes de ajo
3 ramas de cilantro
1 taza de crema
1/2 taza de queso rallado
– chile serrano al gusto
– aceite para freír
– sal

1. Cueza las papas, pélelas y pártalas en cuadritos.

2. Fría la longaniza con las papas. Apártelos.

3. Cueza los tomates, lícuelos en media taza de agua con la cebolla, los chiles serranos, los ajos y el cilantro. Fría hasta que sazone.

4. Pase las tortillas por aceite caliente y por la salsa.

5. Engrase un refractario y ponga, alternadamente, capas de tortillas, de longaniza y papa, salsa, crema y queso. Termine con una capa de crema y queso. Bañe con el resto de la salsa. Hornee a fuego medio hasta que se dore.

43

Chilaquiles sinaloenses

18 tortillas
6 chiles anchos colorados
1 trozo de cebolla
3 dientes de ajo picados finamente
1 taza de queso añejo, rallado
- aceite para freír
- sal

1. Parta las tortillas en cuatro, levante la cascarita, rellénelas con queso rallado; recubra con la cascarita, fría y escurra.

2. Desvene, remoje y licue los chiles con el ajo y el trozo de cebolla en un poco del agua en que los remojó.

Fría hasta que sazone y añada sal. Agregue 2 tazas de agua. Hierva un poco. Retire del fuego.

3. Coloque las tortillas fritas en el fondo de una cazuela. Vierta el caldillo y cubra de queso rallado. Sirva caliente.

Huevos perdidos

4 huevos
4 chiles anchos
3 dientes de ajo
2 pimientas
1 clavo
1 raja de canela
- sal

1. Limpie, desvene, ase y ponga a remojar los chiles.

2. Licue los chiles con un poco del agua donde los remojó, junto con el ajo, la pimienta, el clavo, la raja de canela y la sal. Fría todo hasta que sazone y espese un poco.

3. Agregue 4 huevos y revuelva hasta que se cuezan y se pierdan en la salsa.

Huevo al hoyo

1 huevo
1 rebanada de pan
   de caja
1 cuadrito de
   margarina
1 pizca de sal
1 pizca de perejil
   picado

1. Haga un hoyo redondo en la rebanada de pan. Fríala por los dos lados en una sartén con un cuadrito de margarina, hasta que comience a dorar.

2. Estrelle con cuidado el huevo en el hoyo del pan, añada el perejil picado, la sal y tape la sartén. Cueza hasta que la clara esté cuajada. (Puede servirlo con cualquier salsa.)

Antojitos

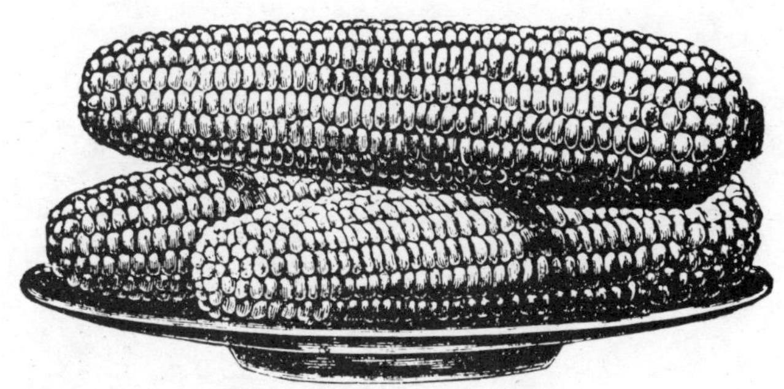

¿No se le antoja?

Ya decíamos antes que los antojitos están hechos principalmente de maíz. Se condimentan con chile, que puede ir en las salsas con que solemos acompañarlos o ponerse entero o en trozos al igual que la lechuga, la cebolla o el aguacate.

Como la sopa, los antojitos pueden ser la comida principal y también para su preparación puede utilizarse cualquier alimento recién comprado o lo que haya sobrado del día anterior.

Una tortilla de maíz con chile y frijoles, con unas hebras de pollo y un poco de jitomate fresco, tienen todos los requisitos de una nutrición balanceada.

Corundas

1. Hierva las cáscaras de tomate en una taza de agua con una pizca de tequesquite.

2. Mezcle el agua de cáscaras de tomate con la leche.

3. Bata la manteca hasta que esponje y agregue poco a poco la mezcla de leche y agua de cáscaras. Siga batiendo y añada lentamente a la masa; añada sal al gusto.

4. Con la hoja de elote forme un cucurucho y rellénelo con un poco de masa; cierre el cucurucho con el extremo de la hoja para formar un triángulo ligeramente aplastado.

5. Cueza los tamalitos al vapor durante una hora. Sírvalos calientes, sin la hoja, con salsa de chile y con crema.

1 **kg de masa de maíz**
1 **pizca de tequesquite**
1/4 **taza de leche**
1 **taza de manteca**
– **cáscaras de 8 tomates**
– **hojas verdes de maíz**
– **sal**

Tacos potosinos

18	tortillas suaves
1	pechuga de pollo
4	jitomates
1	cebolla mediana
2	tazas de ejotes
3	papas chicas
4	zanahorias
1/2	taza de queso rallado
1	taza de crema
6	hojas de lechuga
–	chile en vinagre al gusto
–	hierbas de olor
–	aceite para freír
–	sal

1. Cueza el pollo en agua con sal y deshébrelo.

2. Parta los ejotes, las papas y las zanahorias, cuézalos, escúrralos y fría todo ligeramente.

3. Ase el jitomate y pélelo. Lícuelo con la cebolla, las hierbas de olor y sal.

4. Pase las tortillas por la salsa y fríalas en aceite.

5. Ponga sobre cada tortilla un poco de pollo deshebrado, enrolle las tortillas y coloque tres taquitos en cada plato.

6. Ponga sobre los tacos un poco de la verdura frita, espolvoree con queso, añada una cucharada de crema y adorne con chiles en vinagre y hojas de lechuga bien lavadas.

Tacos de acociles

6 medidas de acociles precocidos (1/4 kg)
18 tortillas
1 cebolla picada
1 monojo de cilantro picado
6 limones en mitades
1 aguacate rebanado
– chile serrano picado al gusto

1. Caliente las tortillas y ponga todos los demás ingredientes en platitos para que cada quien forme su taco.

Tostadas con zanahoria

12 tortillas
10 zanahorias
10 chiles cuaresmeños
1 1/2 cebollas
5 hojas de laurel
– aceite para freír
– sal

1. Dore las tortillas en aceite. Escúrralas.
2. Lave y pele las zanahorias; córtelas en rajitas.
3. Desvene los chiles y córtelos en rajitas.
4. Rebane la cebolla y fríala en aceite, hasta que se transparente. Agregue los chiles, las zanahorias, las hojas de laurel y sal. Fría hasta que ablanden, pero que no se deshagan.
5. Ponga las tostadas en un plato y cúbralas con las zanahorias y el chile.

Tlacoyos hidalguenses

1 **kg de masa**
1 **taza de manteca**
10 **tomates verdes**
4 **tazas de chícharos**
1 **ramita de cilantro**
– **chile serrano al gusto**
– **sal**

1. Cueza los chícharos y macháquelos.
2. Revuelva la masa con la manteca.
3. Forme gorditas alargadas y rellénelas con chícharos: cuézalas en el comal y después fríalas.
4. Pele los tomates y lícuelos con el chile serrano en un poco de agua con sal. Fría esta mezcla hasta que sazone.
5. Bañe los tlacoyos con la salsa verde y espolvoréelos con cilantro picado.

Picadas veracruzanas

1 kg de masa de maíz

1/4 kg de carne de cerdo, res o pollo

1 cebolla picada finamente

1 taza de queso fresco desmoronado

– mole, salsa de tomate o salsa de jitomate

1. Cueza y deshebre la carne.

2. Haga tortillas un poco más gruesas que lo usual. Cuézalas en un comal y haga un borde con los dedos para ahuecarlas un poco.

3. Rellene con mole o salsa y agregue la carne deshebrada, la cebolla y el queso.

Chalupas de pollo

1/2 pechuga de
    pollo
 18 tortillas
    pequeñas
  2 papas
1/2 cebolla
  1 taza de queso
    añejo
  6 rabanitos
  2 cucharadas
    soperas de
    cilantro picado
  – salsa verde o
    roja
  – aceite para freír
  – sal

1. Cueza la pechuga y deshébrela.

2. Cueza las papas, pélelas, pártalas en cuadritos y fríalas.

3. Pase las tortillas por aceite caliente. Póngales encima las papas y sobre éstas pollo deshebrado, cebolla picada, cilantro, rabanitos partidos y salsa al gusto.
Espolvoree con queso rallado y añada sal.

Empanadas de cazón

1/2 kg de cazón
1/2 kg de masa de maíz
1/2 taza de harina de trigo
2 jitomates
2 cucharadas cafeteras de polvo de hornear
4 dientes de ajo
1 cebolla mediana
– epazote picado
– hierbas de olor
– aceite para freír
– sal y pimienta

1. Cueza el cazón en agua hirviendo con dos dientes de ajo, la mitad de la cebolla, las hierbas de olor y la sal. Cuando esté cocido, enfríelo y desmenúcelo.

2. Ase y pele el jitomate; lícuelo con el ajo y la cebolla sobrantes. Fríalo hasta que sazone. Agregue el cazón desmenuzado con epazote al gusto. Añada sal y pimienta y cueza hasta que se reseque. Retírelo del fuego.

3. Mezcle la masa de maíz, la harina y el polvo de hornear con un poco de agua y sal. Forme pequeñas tortillas. Póngales el relleno de cazón, dóblelas y pegue en las orillas. Fríalas en aceite caliente.

Verduras y salsas

Salsas y verduras

Hay que saber comer verduras. Con ellas
se hacen ensaladas, salsas, guarniciones,
sopas, entremeses y comidas
principales. Para preservar su valor
nutritivo hay que cocerlas en poca agua
o al vapor y no dejarlas mucho tiempo en
la lumbre.
De vez en cuando es bueno prescindir de
la carne y hacer un plato de verduras
como alimento principal, o usarlas como
base de un plato con carne: chayotes
rellenos de queso y huazontles
capeados, papas o calabazas rellenas.
Todos estos platos, además de ser
sabrosos y nutritivos, resultan
económicos.

Nopalitos navegantes

10 nopales tiernos
6 huevos
2 tazas de caldo
2 jitomates
1 cebolla
2 dientes de ajo
1 rama de cilantro
- chile seco
  (morita o de
  árbol), al gusto
- aceite para freír
- sal

1. Limpie, corte en cuadritos y cueza los nopalitos en agua hirviendo con un ajo, 1/2 cebolla y sal. Cuando estén blandos retírelos del fuego; escúrralos y enjuáguelos.

2. Licue el jitomate con el otro ajo, 1/2 cebolla y los chiles. Cuele y fría todo hasta que sazone. Añada los nopales, el cilantro y el caldo. Hierva un rato a fuego alto.

3. Baje la flama y agregue uno por uno los huevos para que se cuezan enteros.

Quintoniles en su jugo

1 manojo grande
  de quintoniles
1 cebolla rebanada
– aceite para freír
– sal

1. Limpie los quintoniles y lávelos bien.
2. Fría ligeramente la cebolla. Agregue los quintoniles y fría unos minutos más a fuego alto. Baje la flama y cueza con 1/2 taza de agua. Añada sal y sirva.

Hongos con arroz

1 taza de arroz
  (puede ser
  integral)
1 taza de
  champiñones
  rebanados
10 ramas de perejil
1 trozo de cebolla
2 dientes de ajo
– chile
  cuaresmeño al
  gusto
– aceite para freír
– sal

1. Remoje el arroz en agua caliente durante 15 minutos. Enjuáguelo y escúrralo. Fríalo en aceite hasta que el grano esté transparente y suelto; quite el exceso de grasa.
2. Licue el perejil, el ajo y la cebolla con una taza de agua; añada la salsa al arroz y fría unos minutos.
3. Agregue sal, 3 tazas de agua, los hongos y el chile. Tape la olla y deje cocer hasta que el arroz esté tierno.

Habas con huevo

3 tazas de habas
2 huevos
2 jitomates
1 cebolla chica picada
2 hojas de yerbabuena
1 diente de ajo
– aceite para freír
– sal

1. Pele las habas y cuézalas en agua hasta que estén tiernas.

2. Licue el jitomate con la cebolla y el ajo. Cuele y fría hasta que sazone y espese.

3. Bata los huevos ligeramente.

4. Añada las habas cocidas y la yerbabuena a la salsa. Cuando dé un hervor agregue los huevos batidos. Espere a que cuezan los huevos, añada sal y pimienta.

Papas chirrionas

6 papas amarillas
2 huevos
1 diente de ajo
1/2 taza de queso
   añejo
   desmoronado
1 pizca de orégano
   molido
– chile pasilla al
   gusto
– aceite para freír
– sal

1. Tueste, desvene, remoje y licue los chiles con el ajo, la sal y un poco de agua.
2. Cueza las papas en agua, pélelas y pártalas en cuadritos. Fríalas con suficiente aceite.
3. Bata los huevos ligeramente.
Vierta sobre la sartén, con las papas y el chile molido, los huevos batidos. Cuando todo esté bien frito, añada el queso y el orégano y retire del fuego.

Papas rellenas

6 papas grandes
1/4 kg de carne de cerdo molida
3 jitomates
1 cucharada sopera de cebolla picada
1 cucharada sopera de cacahuates picados
2 cucharadas soperas de pasas
2 dientes de ajo
1 ramita de perejil
– aceite para freír
– sal y pimienta

1. Licue los jitomates con el ajo y un poco de sal. Cuele y fría en aceite hasta que sazone. Baje la flama, añada tres tazas de agua y hierva un poco más.
2. Ahueque el centro de las papas, sin romperlas, y hiérvalas en agua con sal hasta que se ablanden un poco. Aparte la pulpa que les sacó.
3. Fría la cebolla hasta que transparente y agregue la carne, las pasas y los cacahuates. Añada perejil, sal y pimienta; mezcle y cueza bien para hacer un picadillo.
4. Rellene las papas con el picadillo y tápelas con un pedacito de la pulpa que sacó. Póngalas en el caldillo de jitomate con un poco de perejil hasta que se terminen de cocer.

Hongos con hierbas

1/2 **kg de hongos**
2 **pimientos morrones picados**
2 **dientes de ajo picados**
— **hierbas de olor**
— **aceite para freír**

1. Limpie bien los hongos, corte la parte dura del tallo y lávelos. Escúrralos y séquelos con una servilleta.

2. En una cazuela, fría los ajos hasta que se transparenten. Añada los hongos y los demás ingredientes. Mezcle con cuidado. Con el fuego apagado, tápelos y déjelos reposar unos minutos antes de servir.

Hongos en pasilla

1/2 **kg de hongos lavados**
2 **jitomates**
1 **rama de epazote**
2 **dientes de ajo**
— **chile pasilla al gusto**
— **aceite para freír**
— **sal y pimienta**

1. Ase y pele los jitomates.

2. Desvene, tueste y remoje los chiles.

3. Licue el chile con los ajos y el jitomate. Fría la mezcla hasta que sazone. Agregue los hongos enteros, la rama de epazote y cueza (unos 15 minutos). Añada sal y pimienta.

Chiles rellenos

6 **chiles poblanos**
1 1/2 **tazas de frijol cocido**
2 **tazas de arroz integral**
1 **trozo de cebolla**
1 **diente de ajo**
1 **rama de epazote**
– **aceite para freír**
– **sal**

1. Lave el arroz en agua fría y escúrralo.

2. En una sartén fría el ajo y la cebolla hasta que se transparenten. Añada el arroz, baje la flama y fría unos minutos más.

3. Agregue 4 tazas de agua, el epazote y sal. Tape la sartén y cueza hasta que el arroz esté tierno.

4. Ase, limpie y desvene los chiles, hiérvalos unos 5 minutos, escúrralos, hágales un corte y rellénelos con el arroz.

5. Licue los frijoles con su caldo hasta que quede una salsa espesa.

6. Coloque los chiles en un platón y báñelos con la salsa de frijol.

Flores rellenas

- *1* manojo de flores de calabaza lavadas
- *1/4* kg de carne de puerco
- *1/4* kg de carne de res
- *1* jitomate
- *12* tomates verdes
- *1* cebolla
- *1* diente de ajo
- *3* huevos
- *3* cucharadas soperas de harina
- – chile serrano al gusto
- – aceite para freír
- – sal y pimienta

1. Sumerja el jitomate en agua caliente. Pélelo y píquelo.

2. Cueza las carnes de puerco y de res en poca agua con un trozo de cebolla, sal y pimienta. Enfríe y deshebre.

3. Pique otro trozo de cebolla y fría en poco aceite hasta que se transparente.

4. Agregue el jitomate picado y la carne deshebrada a la sartén con la cebolla frita. Fría hasta que sazone y reseque.

5. Rellene las flores de calabaza con la mezcla de carne.

6. Separe las yemas de las claras y bata éstas a punto de turrón; luego agregue las yemas.

7. Enharine las flores, sumérjalas en la mezcla del huevo y dórelas en aceite.

8. Licue los tomates con ajo, cebolla y chile serrano y fríalos en aceite. Agregue dos tazas de agua, deje hervir, añada sal y agregue las flores capeadas. Sírvalas calientes.

Chayotes al horno

3 chayotes grandes
3 cucharadas soperas de pan molido
1 cucharada sopera de cebolla picada
1/4 taza de queso rallado
3 cuadritos de margarina
1 pizca de azúcar
1 pizca de canela molida
– sal

1. Cueza los chayotes en agua con sal. Escúrralos.

2. Pártalos a la mitad con cuidado para que no se rompan. Saque la pulpa, píquela y revuélvala con sal, cebolla y queso rallado.

3. Rellene las cáscaras del chayote con la pulpa preparada.

4. Coloque las mitades de chayotes en un molde refractario, engrasado. Póngales medio cuadrito de margarina; espolvoréelos con el pan molido, la canela y el azúcar.

5. Meta al horno a fuego alto hasta que se dore el pan.

Ensalada de ejotes

- *3* tazas de ejotes partidos
- *8* rábanos partidos en rebanadas delgadas
- *1/2* cebolla finamente picada
- *3* huevos
- *3* cucharadas de aceite
- *1* cucharada sopera de vinagre
- *1* pizca de azúcar
- *1* pizca de orégano
- *1* pizca de carbonato
- – sal y pimienta

1. Cueza los huevos 15 minutos. Enfríelos y pélelos.

2. Pique por separado la clara y la yema de los huevos.

3. Cueza los ejotes partidos en agua con sal y una pizca de carbonato; escúrralos bien.

4. Coloque los ejotes, los rábanos y la cebolla en una ensaladera. Mezcle las claras, aceite, vinagre, sal, pimienta, orégano y azúcar. Al momento de servir, vierta todo sobre los ejotes y espolvoree con las yemas picadas.

Ensalada de coditos

- *1* paquete de coditos
- *1/2* taza de apio picado
- *1* pimiento morrón picado
- *3* rebanadas de jamón picado
- *1/2* taza de mayonesa
- *1* cucharada sopera de perejil picado
- *1* cucharada sopera de aceite
- – perejil chino
- – sal

1. Cueza los coditos en agua con sal y una cucharada de aceite. Escúrralos y enjuague con agua fría.

2. Mezcle los coditos suavemente con los demás ingredientes, salvo el perejil chino.

3. Coloque en una ensaladera, enfríe y adorne con el perejil chino.

Ensalada de arroz

- 1 taza de arroz blanco
- 1 lata de atún desmenuzado
- 1/4 taza de apio picado
- 1/2 taza de crema fresca
- 4 cucharadas cafeteras de aceite
- 2 cucharadas cafeteras de pimentón en polvo
- 3 huevos
- 1 cucharada cafetera de mostaza
- 2 manzanas peladas y picadas
- — jugo de limón
- — sal y pimienta

1. Limpie el arroz y remoje durante 15 minutos. Escúrralo. Cuézalo en tres tazas de agua con sal hasta que esté tierno. Deje enfriar.

2. Cueza los huevos en agua durante 15 minutos. Déjelos enfriar, pélelos y píquelos.

3. Ponga el arroz cocido en un platón y revuelva con el apio, el atún, la manzana y los huevos.

4. Mezcle aceite, jugo de limón, mostaza, sal, pimienta, pimentón y crema. Vierta la mezcla sobre el arroz preparado. Revuelva, refrigere y sirva.

Zanahorias con yogurt

- *6* zanahorias
- *1* manzana
- *3/4* taza de yogurt natural
- *1* cucharada sopera de miel
- *1/2* taza de apio picado
- *2* cucharadas soperas de perejil picado
- *2* cucharadas soperas de jugo de limón
- – sal y pimienta

1. Pele y ralle las zanahorias y la manzana. Colóquelas en una ensaladera. Añada el apio y el perejil.

2. Mezcle el yogurt, la miel y el limón. Añada sal y pimienta y viértalo sobre la ensalada. Revuelva, refrigere y sirva.

Ensalada de col

- *1/2* col chica rebanada finamente
- *2* zanahorias ralladas
- *1/2* cebolla cortada en rodajas finas
- *1* cucharada sopera de aceite
- *1* cucharada sopera de mostaza
- *1/2* taza de pasas
- *1 1/2* cucharadas soperas de jugo de limón
- *1* pizca de azúcar
- – sal y pimienta

1. Remoje la col rebanada en agua con sal durante 10 minutos. Escúrrala.

2. Ponga la col en una ensaladera con la zanahoria, la cebolla y las pasas.

3. Mezcle el aceite con la mostaza, el jugo de limón, el azúcar, sal y pimienta y vierta la mezcla sobre la verdura. Revuelva, refrigere y sírvala sola o acompañando cualquier carne.

Chilacas con queso

15 chilacas
6 trozos delgados de queso chihuahua o asadero
1 jitomate
1 cebolla mediana en rebanadas delgadas
1 taza de leche
– aceite para freír
– sal

1. Ase, pele, desvene y corte las chilacas en rajas.

2. Sumerja unos segundos el jitomate en agua caliente, pélelo y rebánelo.

3. Fría la cebolla hasta que transparente y agregue el jitomate y las rajas. Tape la sartén y cueza a fuego medio durante unos 10 minutos.

4. Añada la leche, la sal y media taza de agua. Deje hervir durante 10 minutos más.

5. Inmediatamente antes de servir, agregue los trozos de queso. Acompañe con tortillas de harina.

Acelgas con limón

2 manojos de
  acelgas
2 cucharadas
  soperas de
  margarina
1 cucharada
  sopera de harina
- jugo de medio
  limón
- sal y pimienta

1. Lave y cueza las acelgas en agua. Escúrralas bien.

2. En una sartén derrita la margarina y agregue la harina sin dejar de mover hasta que empiece a dorar; añada el jugo de limón, sal y pimienta y 4 cucharadas soperas de agua; siga moviendo.

3. Vierta esta mezcla sobre las acelgas cocidas. Sirva inmediatamente con trocitos de pan frito al gusto.

Chilacayotes en pipián

6 chilacayotes
1/2 kg de codillo de puerco cortado en trozos
2 cebollas
2 dientes de ajo
1/2 tortilla
1/2 taza de ajonjolí
1 clavo de especia
4 pimientas gordas
1 rajita de canela
4 chiles anchos
1/2 cucharada cafetera de azúcar
– aceite para freír
– sal

1. Cueza la carne en 3 tazas de agua con un ajo, una cebolla y sal.

2. Lave, pique y cueza los chilacayotes en agua con sal hasta que se ablanden. Escúrralos.

3. Tueste el ajonjolí y fría la tortilla.

4. Desvene, tueste y remoje los chiles anchos.

5. Licue el ajonjolí con la tortilla, un ajo, una cebolla, la pimienta, el clavo, la canela y los chiles; fría todo en el aceite, hasta que sazone. Agregue una taza del caldo donde se coció la carne, la carne de puerco y los chilacayotes; añada sal y media cucharada de azúcar. Hierva un poco más.

Salsa de catarino

3 chiles catarinos
1 jitomate
3 cucharadas
   soperas de
   aceite
1 cucharada
   sopera de
   cebolla
2 dientes de ajo
– sal

1. Ase los chiles y el jitomate.
2. Muela el jitomate, el chile, el ajo y la cebolla.
3. Fría. Añada la sal.
La salsa puede ser menos picante si se desvenan los chiles.

Salsa de morita

4 chiles morita
3 dientes de ajo
4 tomates
1 cucharada
   cafetera de
   cebolla picada
1/2 taza de queso
   añejo
– sal y pimienta

1. Ase los tomates.
2. Tueste, desvene y remoje los chiles.
3. Muela los chiles con el ajo y los tomates, la sal y la pimienta.
Sirva con la cebolla picada y el queso desmoronado.

Salsa de ajo

1 **cabeza de ajo molida**
1 **yema de huevo**
1 1/2 **tazas de leche**
2 **cucharadas soperas de margarina**
2 **cucharadas cafeteras de harina**
– **sal y pimienta**

1. Derrita la margarina y agregue la harina sin dejar de mover hasta que tome un color dorado. Añada el ajo molido y fría durante unos 3 minutos. Vierta la leche, siga moviendo hasta que dé un hervor.

2. Baje el fuego, agregue la yema de huevo y mueva un poco más. Añada sal y pimienta.

Carnes

¿Qué son las vísceras?

Son vísceras todos los órganos contenidos en las principales cavidades del cuerpo del animal, como los sesos, las mollejas, los riñones, la tripa, la panza, etc., y, en general, toda la carne que no sea propiamente un músculo ya que a veces suele designarse con el curioso nombre de "despojos". Llámense como se llamen, lo importante es saber que estas carnes son nutritivas y baratas, ya que al prepararlas nada se desperdicia y todo alimenta. Con ellas se pueden hacer guisos muy sabrosos: un corazón de ternera frito o un hígado con laurel.

Las vísceras se descomponen pronto. Refrigérelas bien.

Liebre en pulque

1 liebre grande en trozos
2 tazas de pulque
3 jitomates picados
1 cebolla rebanada
1 cucharada sopera de perejil picado
12 pimientas gordas
1 pizca de nuez moscada
2 cucharadas soperas de harina
1 pizca de azúcar
- chile serrano en vinagre al gusto
- hierbas de olor
- aceite para freír
- sal

1. Lave los trozos de liebre y límpielos bien.
2. Para marinar, coloque los trozos en un recipiente con el pulque, la cebolla, el jitomate, las pimientas, la nuez moscada, las hierbas de olor, el perejil y la sal. Deje reposar 1/2 hora.
3. Ponga todo a cocer en olla exprés hasta que esté tierno (una 1/2 hora). Deje enfriar la olla y destape.
4. Fría la harina en el aceite hasta que dore moviendo para que no se pegue. Añádala al guisado con una pizca de azúcar y los chiles en vinagre. Deje hervir unos minutos más con la olla exprés destapada.

Costillas de res

1 kg de costillas
de res
1 jitomate
1 cebolla
1 cucharada
sopera de harina
1 pizca de tomillo
en polvo
1 cucharada
sopera de azúcar
– aceite para freír
– sal

1. Ponga sal a las costillas y dórelas en una cacerola.

2. Licue el jitomate y la cebolla con la harina, el azúcar y el tomillo, en una taza de agua.

3. Vierta la mezcla sobre la cacerola y cueza hasta que la carne esté tierna.
(Puede hacerse en olla exprés.)

3/4 kg de retazo de res
1 jitomate
1 chile ancho
1 cucharada sopera de vinagre
1 trozo de cebolla
2 dientes de ajo
1/2 taza de cacahuates sin cáscara
1 rebanada de pan blanco
  – hierbas de olor
  – aceite para freír
  – sal y pimienta

Carne mexicana

1. Tueste, desvene y remoje el chile.

2. Fría la rebanada de pan.

3. Fría la carne en aceite; cuando esté dorada agregue el agua necesaria para cubrirla. Póngale la cebolla, las hierbas de olor, el ajo, la sal y la pimienta. Hierva hasta que se cueza la carne. Cuele el caldo.

4. Licue el pan frito con los cacahuates, el jitomate y el chile. Fría en aceite hasta que sazone. Añada sal, pimienta y vinagre y 3 tazas del caldo donde se coció la carne. Agregue la carne. Cueza 5 minutos más. Sirva caliente.

Picadillo

3/4 kg de carne de res
molida
3 jitomates
1 diente de ajo
1 cucharada
cafetera de
vinagre
1/2 cebolla picada
1 papa
2 zanahorias
– aceite para freír
– sal y pimienta

1. Cueza la zanahoria y la papa y pártalas en cuadritos.

2. Fría la cebolla hasta que se transparente y agregue la carne. Siga friendo hasta que esté casi cocida; añada sal y pimienta.

3. Licue el jitomate con el ajo y el vinagre; cuele sobre la carne.

4. Deje hervir unos 5 minutos. Agregue las verduras y 1/2 taza de agua. Cueza hasta que la verdura esté tierna y sazonada la salsa.

Pata de res con habas

1/2 pata de res
(precocida)
1 kg de habas
verdes
8 tomates verdes
4 dientes de ajo
1 trozo de cebolla
— chile serrano al
gusto
— aceite para freír
— sal

1. Remoje las habas y póngalas a cocer en agua con sal hasta que estén tiernas. Escúrralas.

2. Lave y limpie bien la pata. Hiérvala en agua con sal, un diente de ajo y la cebolla durante unos 30 minutos, hasta que ablande.

3. Licue los tomates, los chiles y los 3 dientes de ajo restantes. Fría hasta que sazone. Agregue una taza de agua y deje hervir.

4. Agregue la pata cortada en trozos y las habas al caldo de tomate. Cueza 10 minutos más. Añada sal.

Guasmole

1 cola de res limpia y en trozos
16 vainas de guaje
10 tomates
1 cabeza de ajo
1 cebolla
2 dientes de ajo
4 ramas de cilantro
– chile serrano al gusto
– sal

1. Cueza los trozos de cola con la cabeza de ajo y la cebolla en suficiente agua.

2. Saque las semillas de las vainas de los guajes y tuéstelas.

3. Licue los tomates con 2 dientes de ajo y las semillas tostadas y fría hasta que sazone. Si está ácido ponga una pizca de carbonato.

4. Agregue la cola y 2 tazas del caldo en donde la coció, el cilantro molido, chile y sal. Hierva unos 15 minutos. Sirva caliente.

Puerco con calabazas

3/4 **kg de costilla de puerco**
10 **tomates**
5 **calabacitas**
2 **dientes de ajo**
3 **ramitas de cilantro**
– **chile serrano al gusto**
– **aceite para freír**
– **sal**

1. Rebane y cueza las calabacitas.
2. Ponga a cocer la carne con una taza de agua hasta que ésta se consuma y la carne empiece a dorar en su grasa.
3. Hierva los tomates y el chile y lícuelos con el ajo y el cilantro. Fría añadiendo sal hasta que sazone. Vierta todo sobre la carne.
4. Agregue las calabacitas cocidas; deje hervir 5 minutos y sirva.

Puerco con quelites

3/4 **kg de costilla de puerco**
1 **manojo grande de quelite cenizo**
10 **tomates verdes**
2 **dientes de ajo**
- **chile guajillo o cascabel, al gusto**
- **aceite para freír**
- **sal**

1. Cueza la carne en agua con sal hasta que esté suave.
2. Limpie y lave bien los quelites. Póngalos a cocer en agua con sal, hasta que estén tiernos.
3. Desvene los chiles y hiérvalos con los tomates; muélalos con el ajo. Licue todo. Fría la mezcla hasta que sazone.
4. Agregue los quelites bien escurridos, la carne y un poco del caldo en el que se coció. Sirva caliente.

Manitas de puerco

6 manitas de cerdo partidas en cuartos
4 cucharadas soperas de aceite
1 cebolla mediana rebanada
1 trozo de cebolla
2 zanahorias rebanadas
3 rábanos picados
4 hojas de lechuga
10 aceitunas sin hueso
– chile jalapeño en vinagre
– hierbas de olor
– orégano
+ sal

1. Cueza las manitas en agua con sal, el trozo de cebolla y hierbas de olor, durante una 1/2 hora. Escúrralas y déjelas enfriar.
2. Ponga las manitas en una ensaladera.
3. Cueza un poco las zanahorias, déjelas enfriar.
4. Ponga los chiles y las rebanadas de cebolla y zanahoria sobre las manitas.
5. Bañe todo con cuatro cucharadas soperas de aceite.
6. Adorne con aceitunas, rábanos, lechuga y espolvoree con orégano.
Sirva frío.

Rollo de chicharrón

1. Cueza los chícharos y las papas.
2. Muela el jitomate con ajo, cebolla y sal. Fría hasta que sazone y reseque. Agregue el chicharrón desmenuzado y los chícharos. Mezcle.
3. Pele las papas, macháquelas, agregue una yema de huevo, sal y mezcle.
4. Coloque el puré sobre papel aluminio, extiéndalo con las manos y forme una capa delgada, pero no demasiado. Cúbralo con la mezcla de chicharrón y chícharos. Forme un rollo ayudándose con el papel.
5. Refrigere 1/2 hora, rebane y sirva.
(Si lo quiere caliente, meta al horno en un refractario engrasado, cubierto con trozos de margarina.)

- *4* **papas**
- *1* **yema de huevo**
- *1/2* **taza de chícharos**
- *100* **g de chicharrón de cascarita**
- *1* **trozo de cebolla**
- *1* **jitomate**
- *1* **diente de ajo**
- – **sal**

2 **kg de menudo (pancita, callo, libro) precocido y partido en trozos**
1 **trozo de cebolla**
1 **rama de epazote**
5 **dientes de ajo**
3 **limones**
- **cebolla picada**
- **orégano al gusto**
- **chile guajillo al gusto**
- **chile piquín en polvo**
- **sal**

Menudo

1. Lave muy bien el menudo. Póngalo a cocer en agua con el ajo, sal y el trozo de cebolla, hasta que esté suave.
2. Tueste, desvene, remoje y muela el chile guajillo en 1 1/2 tazas de agua.
3. Añada el chile molido y la rama de epazote al menudo. Cueza otros 15 minutos.
4. Sírvalo caliente con cebolla picada, orégano, chile piquín en polvo y medios limones.

Chorizo casero

- **1** kg de carne de puerco molida
- **12** dientes de ajo
- **1/2** taza de pimentón dulce molido
- **1/2** taza de vinagre
- **1** cucharada cafetera de azúcar
- **1** cucharada sopera de canela molida
- **1** cucharada sopera de orégano molido
- **1/4** cucharada cafetera de clavo molido
- **1/2** cucharada cafetera de pimienta molida
- **1** cucharada cafetera de sal
- **–** tripa delgada de cerdo

1. Mezcle todos los ingredientes con la mano.
2. El punto del chorizo se logra cuando la mano queda pintada de rojo. Si hace falta añada más pimentón.
3. Ya bien mezclado todo, llene la tripa con cuidado para que no se rompa. Puede usarse un embudo para formar los chorizos. Interrumpa con nudos cada 8 ó 10 centímetros.
(Si no se consigue tripa, el chorizo puede freírse directamente.)

Rellena en jitomate

3/4 kg de rellena
3 jitomates
1/2 cebolla
1 diente de ajo
– chile serrano al gusto
– aceite para freír
– sal y pimienta

1. Licue el jitomate con el ajo, la cebolla y los chiles. Cuele y fría hasta que sazone. Añada sal y pimienta, así como 1/2 taza de agua.

2. Parta la rellena en rebanadas gruesas, sin quitar la tripa. Fría las rebanadas perfectamente en otro sartén, sáquelas y escúrralas. Agréguelas al caldillo.

3. Deje hervir unos momentos más y sirva acompañada de tortillas calientes.

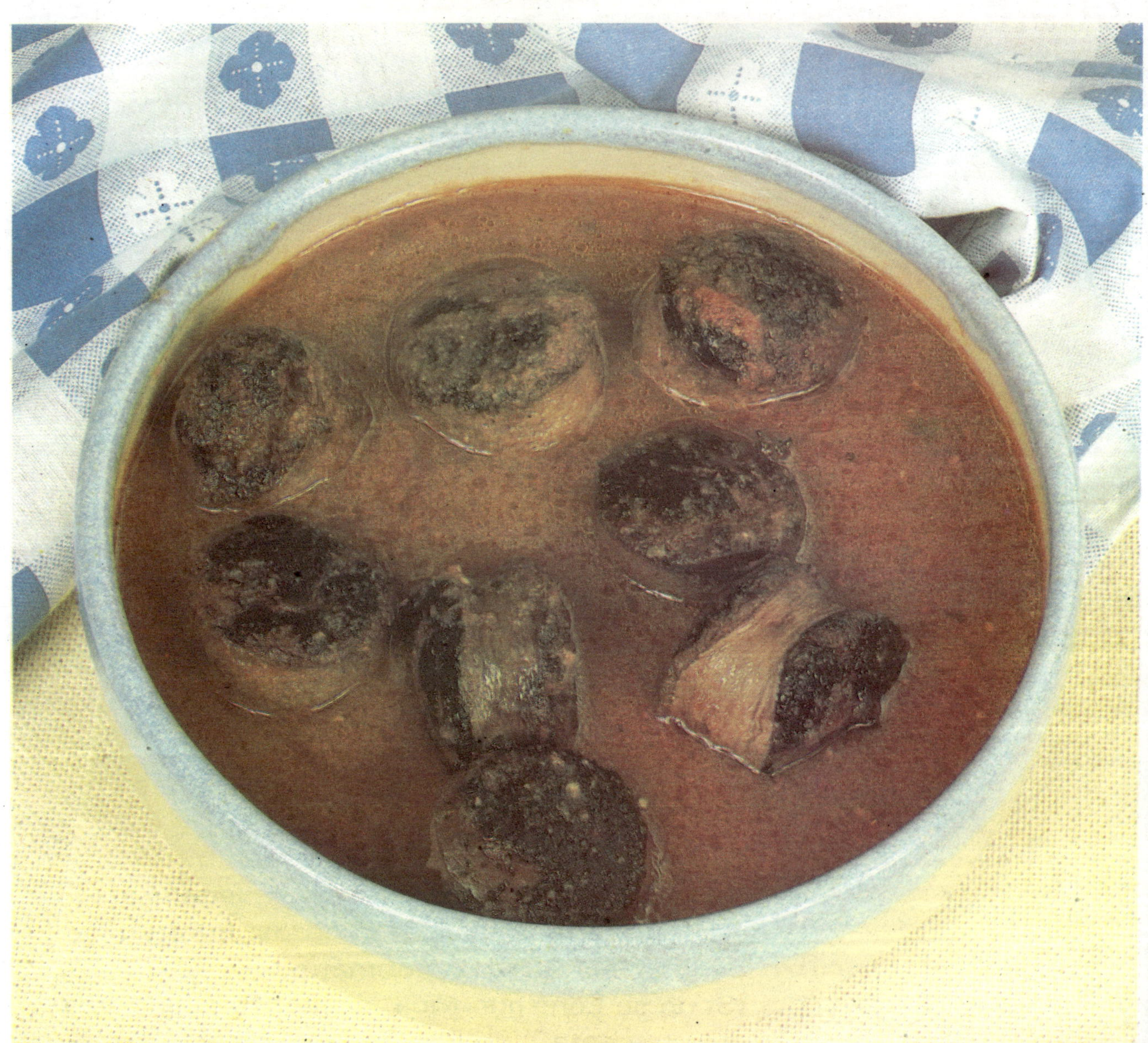

Moronga encebollada

3/4 kg de moronga
  2 cebollas
    rebanadas
  2 papas peladas y
    cortadas
  3 zanahorias
    peladas y
    cortadas
  1 diente de ajo
  1 rama de
    yerbabuena
  – chile serrano al
    gusto
  – aceite para freír
  – sal y pimienta

1. Quite la tripa a la moronga.
2. En una cazuela fría las cebollas y el ajo hasta que se transparenten. Agregue las papas, las zanahorias, la moronga, los chiles, la yerbabuena, sal y pimienta. Fría un poco más.
3. Añada 1/2 taza de agua y deje hervir hasta que se consuma.
Sirva con tortillas calientes.

Hígado con laurel

6 **bisteces de hígado**
1 **hoja de laurel**
1 **taza de vino blanco**
1 **cebolla picada**
— **aceite para freír**
— **sal y pimienta**

1. Fría la cebolla hasta que comience a dorar; agregue el hígado. Fría unos minutos más.
2. Baje la flama y agregue el vino y el laurel; cueza durante unos 15 minutos. Añada sal y pimienta. Sirva caliente.

Riñones en jitomate

1 kg de riñones de ternera
1 cebolla rebanada
3 jitomates
3 dientes de ajo
3 rabos de cebolla
– jugo de 1 limón
– chile en vinagre al gusto
– hierbas de olor
– aceite para freír
– sal y pimienta

1. Lave, limpie y rebane los riñones. Póngalos en agua con los rabos de cebolla, el jugo de limón y sal durante 15 minutos para desflemarlos. Enjuáguelos.

2. Ase los jitomates y lícuelos con el ajo.

3. En una cacerola fría las rebanadas de cebolla hasta que se transparenten. Vierta el jitomate licuado y añada sal y pimienta. Espere a que sazone. Agregue los chiles en vinagre, las hierbas de olor y los riñones. Cuézalos hasta que estén suaves.

Corazón de ternera

6 bisteces de
   corazón de
   ternera
2 cucharadas
   soperas de
   aceite
5 dientes de ajo
   machacados
1 ramita de perejil
   picado
- jugo de 1 limón
- aceite para freír
- sal y pimienta

1. Acomode los bisteces de corazón en un recipiente de vidrio y agrégueles 2 cucharadas soperas de aceite, el jugo de limón, los ajos y el perejil, sal y pimienta. Deje marinar durante unas 2 horas.

2. Sáquelos y fríalos en una cacerola hasta que doren un poco. Vierta sobre ellos la salsa donde los marinó y cueza hasta que estén tiernos. Sirva de inmediato con salsa verde y tortillas.

Ubre en caldillo

6 **bisteces de ubre**
  de res
  (precocida)
3 **jitomates**
3 **dientes de ajo**
1 **trozo de cebolla**
8 **aceitunas**
– **chile largo al**
  gusto
– **sal**

1. Lave la ubre y límpiela. Cuézala en agua con sal, ajo y cebolla, hasta que se ablande. Sáquela y escúrrala.
2. Licue el jitomate, cuélalo, fríalo, sazónelo y agréguele 3 tazas de agua.
3. Ponga la ubre en el caldillo con unos chiles largos y las aceitunas. Hierva unos minutos y sirva caliente en plato sopero.

Tortitas de sesos

2 **sesos de res**
2 **ramas de epazote**
2 **trozos de cebolla**
2 **dientes de ajo**
8 **tomates verdes**
2 **huevos**
3 **cucharadas soperas de harina**
- **chile serrano al gusto**
- **aceite para freír**
- **sal**

1. Licue los tomates con los chiles, un trozo de cebolla y una rama de epazote. Fría hasta que sazone. Agregue una taza de agua y hierva a fuego bajo.

2. Lave y cueza los sesos en 2 tazas de agua con ajo y sal durante unos 10 minutos. Escúrralos y quite la piel que los cubre.

3. Pique la otra rama de epazote con otro trozo de cebolla. Coloque todo en un recipiente. Añada los sesos y mezcle hasta formar una pasta.

4. Bata la clara de los huevos a punto de turrón. Agregue las yemas, la harina y vierta esta mezcla sobre la pasta de sesos. Revuelva bien.

5. En una sartén con aceite caliente ponga cucharadas de la mezcla de sesos para formar tortitas. Fríalas por los dos lados y páselos al caldillo. Sirva muy caliente.

Aves

¿Cómo cocinar las aves?

Recuerde que la mitad del peso del pollo son huesos. A veces conviene más comprar el pollo por pieza y no entero, según la comida que se vaya a preparar. Para deshebrar compre sólo pechugas. Si lo compra entero, puede usar también las patas, el pescuezo y la rabadilla para preparar un magnífico caldo, que incluso puede servir de base para enriquecer otros platillos al día siguiente. Guarde sus caldos de pollo en el refrigerador. Congele las mollejas y los higaditos para otro día.

Pollo con cebollitas

1 **pollo en trozos**
4 **tiras de tocino picado**
1 **manojo de cebollitas de cambray**
1/4 **taza de vinagre**
– **hierbas de olor**
– **aceite para freír**
– **sal y pimienta**

1. Lave bien los trozos de pollo y séquelos.
2. En una cacerola fría el tocino. Añada los trozos de pollo y las cebollitas. Espere a que doren; si hay demasiada grasa, escurra una poca.
3. Añada el vinagre, 1/2 taza de agua y las hierbas de olor. Tape la cacerola y deje cocer hasta que el pollo esté tierno. Añada sal y pimienta.

Pollo en chipotle

1 pollo en trozos
2 tazas de caldo
2 ramas de epazote
- chile chipotle seco, al gusto
- aceite para freír
- sal y pimienta

1. Lave bien el pollo y séquelo. Añada sal y pimienta.

2. Desvene los chiles.

3. En una cacerola fría los trozos de pollo hasta que doren. Añada los chiles y fríalos también.

4. Agregue el caldo, el epazote y la sal. Cueza a fuego medio hasta que el pollo esté tierno.

Pipián rojo con pollo

1 pollo en trozos
3 jitomates
6 chiles anchos
1 cebolla rebanada
2 ajos picados
8 cucharadas
   soperas de
   ajonjolí
1 pizca de clavo
   de olor molido
1 pizca de canela
   molida
– aceite para freír
– sal

1. Cueza los trozos de pollo en 3 tazas de agua con sal hasta que estén tiernos; aparte el caldo.
2. Tueste ligeramente el ajonjolí.
3. Tueste, desvene y remoje los chiles, y lícuelos con los jitomates, el ajo, la cebolla y el ajonjolí. Fría en aceite hasta que sazone. Añada clavo, canela y sal.
4. Agregue las piezas de pollo y 2 tazas del caldo en que las coció. Hierva diez minutos más.

Cazuela de pollo

10 patas de pollo
6 mollejas
6 pescuezos
3 jitomates
2 trozos de cebolla
3 dientes de ajo
2 papas peladas y picadas
1/2 taza de chícharos
2 zanahorias picadas
3 ramas de cilantro picado
4 pimientas
– sal

1. Ponga las patas directamente sobre la flama, despelléjelas y lávelas.
2. Lave las mollejas y los pescuezos. Quíteles los pellejos y la grasa. Póngalos a cocer junto con las patas en 6 tazas de agua, con un trozo de cebolla y sal.
3. Licue los jitomates con ajo y un trozo de cebolla. Fría todo hasta que sazone.
4. Cueza las verduras hasta que estén tiernas. Escúrralas.
5. Vierta el jitomate licuado, las pimientas y las verduras en la cazuela donde coció el pollo. Agregue el cilantro. Hierva unos minutos y sirva en platos hondos.

Gallina al ajo

1 gallina en trozos
6 dientes de ajo
picados
2 cucharadas
soperas de
perejil picado
1/2 cucharada
cafetera de chile
piquín
1 trozo de cebolla
– jugo de 2
limones
– aceite para freír
– sal

1. Lave la gallina y queme en la flama directa los cañones que hayan quedado. Enjuáguela y séquela. Cuézala en agua con cebolla y sal, hasta que esté tierna. Escúrrala.

2. Con los ajos, fría la gallina hasta que dore. Añada el chile, el perejil y siga friendo unos minutos. Agregue el jugo de limón y sirva inmediatamente.

Pollo con chochoyotes

1 pollo en trozos
10 miltomates
1 cebolla
4 dientes de ajo
1 hoja de yerba santa
1 rama de epazote
1 manojo chico de perejil
6 pimientas
2 clavos
- chile serrano al gusto
- manteca para freír
- sal

para los chochoyotes:

1 taza de masa de maíz
1/4 cucharadita de polvo de hornear
2 cucharadas soperas de manteca
- sal

1. En 4 tazas de agua cueza los trozos de pollo con la cebolla, el ajo y la sal, hasta que estén tiernos.

2. Licue el clavo, la pimienta, el miltomate y el chile. Fríalos en manteca hasta que sazonen. Agregue el pollo y el caldo en donde se coció.

3. Para hacer los chochoyotes mezcle la masa y el polvo de hornear con la manteca y la sal. Bata hasta que se logre una masa fina. Haga bolitas.

4. Cuando la carne esté hirviendo, deje caer los chochoyotes y baje el fuego para que no se deshagan.

5. Poco antes de servir, agregue al caldo el epazote, el perejil y la yerba santa molidos con un poco de agua.

Alas con mostaza

12 alas de pollo
 1 manojo de
    cebollitas
    cambray sin
    rabo
 1 cucharada
    sopera de salsa
    de soya
1/4 taza de salsa de
    tomate
 1 cucharada
    sopera de
    mostaza
 2 cucharadas
    cafeteras de
    azúcar
 – aceite para freír
 – sal

1. Lave y recorte las puntas a las alas y fríalas a fuego alto con la mitad de las cebollitas. Mueva constantemente para que doren parejo. Baje la flama.

2. Mezcle la salsa de tomate con la soya, la mostaza, el azúcar y la sal. Vierta la mezcla con el resto de las cebollitas sobre las alas de pollo. Cueza hasta que el pollo esté tierno y la salsa se haya resecado un poco.

Pollo relleno de chorizo

1 pollo tierno
1 taza de chorizo desmenuzado
2 jitomates picados
1 zanahoria
1 papa
2 dientes de ajo
1 cuadrito de margarina
1 cebolla picada
— chile serrano al gusto
— manteca para freír
— sal y pimienta

1. Cueza la papa y la zanahoria. Pélelas, escúrralas y píquelas.

2. Fría el chorizo en poca manteca; cuando esté bien frito, agregue el jitomate, la cebolla, el ajo, los chiles, las papas y las zanahorias. Deje todo en el fuego hasta que sazone. Escurra.

3. Limpie, lave y seque muy bien el pollo; póngale sal y pimienta por dentro. Rellénelo con la mezcla de chorizo y verduras, úntelo con la margarina y envuélvalo en papel estaño. Cuézalo en el horno caliente y, un poco antes de que esté cocido, abra el papel por arriba para que se dore; cuide que no se tire el jugo del pollo. Sirva inmediatamente.

101

Higaditos empanizados

- *1* kg de hígados de pollo
- *1* huevo
- *1* taza de pan molido
- — aceite para freír
- — sal y pimienta

1. Lave los higaditos y límpielos.
2. Póngalos en un recipiente con el huevo batido, sal y pimienta.
3. Empanícelos y fríalos en aceite.

Higaditos al chipotle

- *1* kg de hígados de pollo
- *2* jitomates
- *2* chiles chipotles en vinagre
- *1* trozo de cebolla
- *2* dientes de ajo
- — aceite para freír
- — sal y pimienta

1. Licue el jitomate con los chiles, el ajo, cebolla y sal. Sazone.
2. Fría los higaditos en aceite hasta que empiecen a dorar.
3. Ponga la salsa sobre los higaditos. Caliente unos minutos y sirva.

Pescados y mariscos

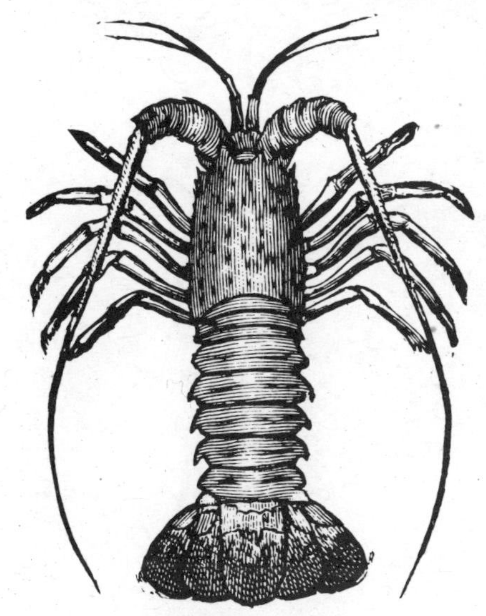

Coma usted más pescado

Recuerde que a veces no es necesario comprar el pescado entero. En rebanadas o en filete puede resultar más barato porque lo usa todo. Aunque el pescado de mar es más nutritivo que el de río, las nuevas técnicas de producción hacen cada vez más accesible el pescado de río: las carpas o las truchas, por ejemplo.

En México existen regiones en que casi no se come el pescado: los desiertos del norte y a veces hasta en el altiplano. Suele emplearse más en cuaresma y en vigilia, pero en esas épocas cuesta mucho más caro. Para abaratarlo compre usted cazón, charales, calamares o pescado congelado. Con la cabeza puede usted preparar buenos caldos.

Lubina en salsa roja

1 1/2 kg de lubina
     entera abierta
    4 jitomates
    2 huevos
    1 cebolla
    2 dientes de ajo
  10 aceitunas
     deshuesadas
   – aceite para freír
   – sal y pimienta

1. Lave bien el pescado.

2. Cueza los huevos (15 minutos), páselos por agua fría y pélelos.

3. Pique 2 jitomates, 1/2 cebolla, las aceitunas y un huevo, añada sal y pimienta y revuelva.

4. Rellene el pescado.

5. Licue los otros jitomates con el ajo y la otra media cebolla. Fría hasta que sazone. Añada una taza de agua y hierva un poco más.

6. Coloque el pescado en un refractario y báñelo con la salsa. Hornee a fuego medio durante unos 40 minutos y adorne con huevo rebanado.

Brocheta de pescado

3/4 **kg de filete en trozos (mero, sierra)**

1/3 **de taza de crema ácida**

2 **cebollas partidas en trozos**

1/2 **taza de jugo de limón**

2 **pimientos**

— **aceite para freír**

— **sal y pimienta**

1. Mezcle la crema y el limón con sal y pimienta. Para marinar remoje el pescado en esta salsa durante una hora.

2. Ensarte en un alambre, alternados, un trozo de pescado, uno de cebolla y otro de pimiento. Fríalos o áselos, untándolos con aceite.

Buñuelos de pescado

1/4 kg de pescado seco (cazón)
1 huevo
1/4 taza de leche
1 taza de harina
1 cucharada cafetera de polvo de hornear
– aceite para freír
– sal

1. Limpie bien el pescado. Remójelo en varias aguas para quitarle lo salado.
2. Hiérvalo 5 minutos. Sáquelo. Quítele las espinas y desmenúcelo.
3. Bata el huevo con la leche, la harina, el polvo de hornear y la sal.
4. Revuelva todos los ingredientes con el pescado y vierta cucharadas de la mezcla sobre aceite caliente para formar los buñuelos.
5. Sírvalos acompañados de mayonesa.

Robalo estilo Guerrero

6 rebanadas de robalo (puede usarse cualquier otro pescado)
4 cucharadas soperas de vinagre
1 trozo de cebolla
5 dientes de ajo
3 cominos
4 pimientas negras
0 hojas de lechuga finamente picadas
- jugo de 2 limones
- chile pasilla al gusto
- aceite para freír
- sal

1. Lave las rebanadas de pescado y úntelas con sal y jugo de limón; déjelas reposar durante una hora.

2. Escurra el pescado y fría las rebanadas en aceite caliente. Cuando se doren por ambos lados, retírelas del fuego.

3. Desvene y remoje los chiles; licúelos con la cebolla, el ajo, los cominos, las pimientas negras y el vinagre. Fría unos minutos.

4. Para servir, vierta la salsa sobre el pescado frito y adorne con la lechuga picada.

107

Bolitas de pescado

2 filetes de
pescado (mero,
cazón)
4 papas
1 jitomate
1 cucharada
sopera de perejil
1 diente de ajo
2 huevos
1/2 taza de pan
molido
— aceite para freír
— sal

1. Cueza el pescado en un poco de agua, deje enfriar y desmenúcelo.

2. Cueza las papas, pélelas, macháquelas y mézclelas con uno de los huevos.

3. En una cacerola fría el ajo, el pescado, el jitomate y el perejil picados. Añada sal. Fría un poco más, revolviendo de vez en cuando hasta que la mezcla reseque.

4. Forme una bolita de puré de papa, ahuéquela en el centro, rellénela con la mezcla de pescado, vuelva a formar la bolita.

5. Bata el otro huevo, pase las bolitas por él, empanícelas y fría.

Sardinas rancheras

1 **lata de sardinas en tomate**
2 **papas**
1 **cebolla**
1 **ramita de epazote**
– **aceite para freír**
– **sal**

1. Cueza las papas en agua con sal, escúrralas, pélelas y pártalas en cuadritos.

2. Pique la cebolla y los chiles. En una sartén, fría todo con aceite hasta que la cebolla se ponga transparente. Agregue las papas y, cuando doren un poco, añada las sardinas y el epazote. Mezcle todo bien. Caliente unos minutos.

3. Sirva, adornando el plato con chiles serranos enteros y lechuga picada.

1 kg de boquerones crudos
3 cucharadas soperas de vinagre
1/2 taza de harina
1 cabeza de ajo
3 limones
– jugo de 5 limones
– chile chipotle
– aceite para freír
– sal

Boquerones

1. Licue la cabeza de ajo con el vinagre, el chipotle, el jugo de limón y sal.

2. Lave bien los pescados y póngalos en un recipiente con la salsa anterior; déjelos marinar 20 minutos.

3. Escurra y enharine los boquerones. Fríalos. Quite el exceso de grasa con una servilleta. Sirva con salsa picante y medios limones.

Charales entomatados

1/4 kg de charales secos
5 tomates verdes
2 papas peladas y cortadas en cuadritos
4 dientes de ajo
– chile pasilla al gusto
– aceite para freír
– sal

1. Pele y cueza los tomates.
2. Tueste, desvene y remoje los chiles pasilla en agua caliente. Lícuelos con un poco del agua en la que los remojó, junto con el ajo y los tomates. Añada sal y fría todo hasta que sazone. Agregue 2 tazas de agua y hierva un poco más.
3. Descabece los charales, lávelos en dos aguas y escúrralos. Dórelos en aceite. Agréguelos al caldillo con las papas. Cueza a fuego lento unos 15 minutos.

Cazón a la campechana

1/2 **kg de cazón**
tierno, limpio y
rebanado
3 **jitomates**
1 **chile güero**
1 **cucharada**
cafetera de chile
piquín en polvo
2 **ramas de**
epazote
1 **cebolla**
1 **diente de ajo**
– **aceite para freír**
– **sal**

1. Cueza el cazón en 2 tazas de agua con una rama de epazote.
2. Fría la cebolla rebanada, la otra rama de epazote, el ajo y el chile güero. Ya fritos, añada el jitomate y el chile piquín, sazone y deje espesar.
3. Añada el cazón con su caldo. Deje hervir para que espese un poco y retire del fuego. Sirva muy caliente.

Ostiones en escabeche

4 docenas de ostiones (de frasco)
1 taza de ejotes picados
2 zanahorias picadas
1 taza de chícharos
1/2 taza de vinagre
4 dientes de ajo
1 cebolla
3 clavos de especia
1 raja de canela
6 pimientas gordas
2 hojas de laurel
– chile en vinagre al gusto
– aceite para freír
– sal

1. Cueza los ejotes, las zanahorias y los chícharos. Escúrralos y fríalos. Fría los ostiones en el mismo aceite.

2. Hierva el vinagre con 2 tazas de agua. Agregue los ajos pelados, los clavos, la canela, el laurel y las pimientas. Hierva un poco más, añada sal y la cebolla rebanada y aparte del fuego.

3. En una cazuela honda ponga las verduras fritas; encima los ostiones fritos. Vierta sobre la cazuela el contenido del traste donde hirvió el vinagre. Añada un poco del aceite en que se frieron los ostiones; deje resposar unas horas y adorne con chiles en vinagre.

Ostiones empanizados

4 docenas de
  ostiones (de
  frasco)
2 huevos
2 cucharadas
  soperas de
  harina
2 limones
1 manojo de perejil
  chino
- aceite para freír
- sal y pimienta

1. Bata las claras a punto de turrón. Añada las yemas y mezcle.
2. Lave, escurra y seque bien los ostiones. Ponga sal y pimienta, enharínelos y báñelos con los huevos batidos; fríalos en aceite caliente hasta que doren ligeramente.
3. Sírvalos calientes y adórnelos con ramitas de perejil chino y rebanadas de limón.

114

Postres

Bebidas y postres fáciles

Las bebidas de frutas son más sanas y nutritivas que los refrescos y gaseosas que se venden embotellados. Es más apetitoso y también más barato acompañar la comida con limonada o con agua de papaya. Hierva siempre el agua.

Como usted bien lo sabe, es muy fácil preparar aguas frescas con semillas o flores: de chía, de jamaica o de tamarindo. Con semillas de melón o con arroz se confecciona la horchata.

Y para economizar y terminar la comida con un postre muy sabroso le ofrecemos recetas con claras de huevo y hasta con pan duro.

Pastel de fresa

4 tazas de fresas
1 3/4 tazas de harina
1 cucharada sopera de polvo de hornear
1/2 taza de azúcar
1 taza de leche
1 huevo
1 1/2 barritas de margarina
1 cucharada cafetera de ralladura de limón
1/2 cucharada cafetera de sal
2 tazas de crema dulce batida

1. Caliente el horno a fuego medio.

2. Cierna la harina con el polvo de hornear y la sal.

3. Bata la margarina con 1/4 de taza de azúcar; mientras bate, agregue el huevo, la harina cernida, la ralladura de limón y la leche hasta que quede una pasta suave.

4. Engrase dos moldes, vierta la mitad de la pasta en cada uno y hornee durante unos 20 minutos, hasta que dore la superficie o cuando, al introducir un palillo de madera, salga seco. Deje enfriar y desmolde.

5. Lave y limpie las fresas. Aparte unas cuantas para el adorno final. Machaque las demás con el resto del azúcar.

6. Esparza en la parte superior de un pastel la fresa machacada, ponga el otro pastel encima. Cubra el pastel con crema batida y adorne con las fresas que apartó.

(Si no es época de fresa, puede usar mermelada o alguna otra fruta de la estación, previamente cocida.)

Pan de limón

1 **taza de harina**
1/2 **taza de margarina**
1/4 **taza de azúcar pulverizada**
2 **huevos**
1 **taza de azúcar refinada**
1/2 **cucharada cafetera de polvo de hornear**
1 **pizca de sal**
2 **cucharadas cafeteras de jugo de limón**

1. Cierna la harina con el azúcar pulverizada. Agregue la margarina y revuelva hasta que se forme una masa.

2. Vacíe en un molde engrasado y enharinado. Apriete con una palita para que quede bien aplanado.

3. Hornee hasta que se cueza un poco. Saque del horno.

4. Mezcle el azúcar refinada con los huevos, el polvo de hornear, el jugo de limón y una pizca de sal.

5. Vacíe la mezcla sobre el pan semicocido y métalo nuevamente en el horno hasta que se cueza bien, unos 30 minutos. Desmolde y parta en cuadritos.

Pan de plátano

1 taza de plátano
maduro
machacado
1/2 barrita de
margarina
1 1/4 tazas de azúcar
2 huevos
1 1/2 tazas de harina
1 cucharada
cafetera de
bicarbonato
4 cucharadas
soperas de
crema ácida
1 cucharada
cafetera de
esencia de
vainilla
1 cucharada
cafetera de
polvo de hornear

1. Bata la margarina y agregue el azúcar, los huevos y la crema.

2. Mezcle los plátanos con la harina, el bicarbonato y el polvo de hornear. Agregue todo a la pasta anterior; añada la esencia de vainilla y siga batiendo.

3. Engrase y enharine un molde. Vierta la pasta en él. Hornee a fuego medio más o menos una hora. Para saber si está cocido, meta un palillo de madera. Si sale seco, el pastel está en su punto.

Peras cubiertas

6 **peras maduras**
4 **tablillas chicas
de chocolate
semiamargo**
3 **cucharadas
cafeteras de
leche**
1/2 **taza de azúcar**
4 **cucharadas
soperas de ron**
1 **pizca de sal**

1. Lave las peras, pélelas, quíteles el corazón. No quite los tallos.
2. Derrita el chocolate a fuego bajo junto con la leche, moviendo continuamente. Añada el azúcar y mueva hasta que se disuelva. Añada el ron y la pizca de sal. Mezcle.
3. Tomando las peras del tallo sumérjalas en la salsa de chocolate. Póngalas sobre papel aluminio o encerado. Enfríe inmediatamente. (Esto mismo puede hacerse con fresas o manzanas.)

Dulce de mango

3 **mangos de manila**
1 **lata de leche evaporada**
2 **cucharadas soperas de ron**
— **azúcar al gusto**

1. Pele y pique los mangos.
2. Licue el mango con la leche, el azúcar y el ron. Refrigere antes de servir.

Gelatina batida

1 **caja chica de gelatina de naranja**
1/2 **taza de azúcar**
3 **tazas de leche**

1. Disuelva el polvo de gelatina y el azúcar en 2 tazas de leche caliente. Refrigere hasta que casi esté cuajada.
2. Licue la gelatina cuajada con una taza de leche.
3. Regrese al refrigerador y vuelva a cuajar. Decore con rebanaditas de naranja.

4 yemas
2 cucharadas
  soperas de
  harina
3/4 taza de azúcar
1 cucharada
  sopera de
  esencia de
  vainilla
6 tazas de leche
1 cucharada
  sopera de
  pasas

Natilla

1. Mezcle las yemas con el azúcar, la harina y la leche. Agregue la esencia de vainilla y ponga la mezcla al fuego sin dejar de mover hasta que se vea el fondo del recipiente. Retire del fuego.
2. Adorne con pasas y sirva.

15 manzanas
   corrientes y
   maduras
1 raja de canela
1 pizca de clavo
  molido
3/4 taza de azúcar
– canela molida

Puré de manzana

1. Pele las manzanas y quíteles el corazón.
2. En una olla póngalas a cocer con una taza de agua, la raja de canela y el clavo. Al primer hervor reduzca el fuego y cueza unos 10 minutos. Añada el azúcar y cueza 3 minutos más. Macháquelas sobre un colador.
3. Sírvalas espolvoreadas de canela.

Gelatina de cuadros

1 caja chica de
gelatina de limón
(verde)
1 caja chica de
gelatina de uva
1 lata chica de
leche
condensada
1 taza de hielo
picado

1. Prepare la gelatina de uva de acuerdo con las instrucciones de la caja. Déjela cuajar en el refrigerador.

2. Ponga en la licuadora el hielo picado.

3. Disuelva la gelatina de limón en 1/2 taza de agua muy caliente. Agregue la leche condensada. Licue todo con el hielo picado y vacíe inmediatamente en un molde. Póngale adentro cuadros de la gelatina de uva ya cuajada. Refrigere hasta que cuaje. Desmolde y sirva.

Capirotada

- **4** bolillos partidos en rebanadas
- **2** panochas de piloncillo
- **1/2** taza de cacahuate pelado
- **1/2** taza de pasas
- **1** taza de queso añejo partido en cuadros
- **1** rama de canela
- **1** cucharada sopera de grageas de colores
- **–** aceite para freír

1. Hierva el piloncillo con la canela en 2 tazas de agua para formar una miel.

2. Dore las rebanadas de pan en aceite y quite el exceso de grasa poniéndolas sobre una servilleta de papel.

3. En una cazueia coloque una capa de rebanadas de pan, cúbralas con pasas, cacahuates y trozos de queso, luego ponga otra capa de pan, pasas, cacahuates, etc. y así sucesivamente. Bañe con la miel.

4. Ponga la cazuela a baño maría una 1/2 hora para que se suavice el pan; espolvoree con grageas de colores.

Chancacudas

2 1/2 tazas de harina
2 cucharadas cafeteras de polvo de hornear
1 pizca de carbonato
1 barra de piloncillo rallado
2 huevos
1 taza de manteca vegetal
1/4 de vaso de leche
1 pizca de sal

1. Cierna la harina con el polvo de hornear, el carbonato y la sal; forme una fuente y en su centro ponga el piloncillo rallado, los huevos y la manteca. Mezcle todo. Añada la leche y amase la pasta.

2. Extienda la pasta hasta que tenga 5 cm de espesor y acomódela en un molde engrasado; hornéela a calor medio hasta que se cueza. Sáquela y córtela en cuadritos.

4 bolillos duros
2 tazas de leche
1 barrita de
   margarina
2 huevos
1 1/2 tazas de azúcar
2 cucharadas
   soperas de
   esencia de
   vainilla
1 cucharada
   sopera de polvo
   de hornear
1 cucharada
   cafetera de
   harina

Budín de pan

1. Remoje los bolillos en la leche hasta que se
ablanden.
2. Bata la margarina con el azúcar y agregue los
huevos.
3. Deje de batir. Agregue los bolillos escurridos y
mézclelos suavemente con el polvo de hornear y
la esencia de vainilla hasta formar una pasta.
4. Engrase y enharine un molde, vacíe sobre él
la pasta de pan. Hornee a fuego medio hasta que
dore (más o menos una hora).

Dulce de pinole

4 cucharadas soperas de pinole de maíz tostado
6 tazas de leche
3 yemas de huevo
1 taza de azúcar
1 raja de canela
3 cucharadas soperas de ron
2 tazas de fresas

1. Mezcle las yemas con el azúcar, el pinole, la canela y la leche.
2. Ponga todo al fuego. Cueza sin dejar de mover hasta que vea el fondo del cazo. Retire, agregue el ron y mézclelo.
3. Separe unas cuantas fresas machacadas en el fondo de un platón. Vierta la mezcla de pinole. Enfríe. Adorne con las fresas enteras. (Puede usarse cualquier fruta de estación.)

Alfajor de coco

4 tazas de coco
rallado
1 taza de azúcar
1 taza de leche
evaporada
— gotas de pintura
vegetal roja
— obleas

1. Licue el coco con la leche.
2. Ponga en un recipiente el azúcar y vacíe en él la mezcla de coco.
3. Cueza a fuego bajo, moviendo continuamente hasta que se vea el fondo del cazo.
4. Divida la mezcla en dos. Deje enfriar un poco y tiña la mitad hasta obtener un color rosa fuerte, mezclando bien la pintura.
5. Forre un plato con obleas. Coloque sobre ellas las parte teñida de rosa, después la blanca y cubra con otra capa de obleas.

Cascaritas de naranja

3 cáscaras de naranjas cortadas en tiritas
4 cucharadas soperas de gelatina de naranja
1/2 taza de miel de maíz
2 tazas de azúcar
1 pizca de carbonato

1. Remoje en agua con una pizca de carbonato las cáscaras de naranja desde la noche anterior y escúrralas.

2. Cueza las cáscaras de las naranjas en agua hirviendo (unos 30 minutos). Escúrralas.

3. Mezcle en una olla la miel con una taza de azúcar y 1 1/2 tazas de agua sin dejar de mover hasta que hierva. Añada las cáscaras y cueza a fuego bajo, moviendo de vez en cuando (unos 40 minutos) hasta que cristalice el líquido. Retire del fuego y agregue la gelatina; mezcle y deje enfriar a la temperatura ambiente durante 10 minutos.

4. Vierta una taza de azúcar sobre un papel encerado. Revuelque las cáscaras en el azúcar hasta que se cubran bien; si es necesario use más azúcar. Deje secar las cáscaras sobre una parrilla de alambre durante unas horas.

Bigotes de arroz

1 **taza de arroz lavado**
2 **tazas de leche**
2 **huevos**
1 **taza de pan molido**
1 **taza de azúcar**
1 **cucharada cafetera de canela en polvo**
– **aceite para freír**

1. Mezcle la leche con la mitad del azúcar y una taza de agua. Cueza el arroz en esta mezcla. Saque de la lumbre y extienda en una charola para que enfríe.

2. Bata los huevos.

3. Forme rollitos con el arroz, páselos por el huevo batido y empanícelos. Fríalos. Después revuélquelos en el resto del azúcar mezclada con la canela en polvo.

Palanqueta de nuez

1 taza de nueces quebradas (o cacahuates)
2 tazas de azúcar mascabado
1/2 taza de leche evaporada
1 cucharada sopera de margarina
1 cucharada cafetera de vainilla
1/4 cucharada cafetera de sal

1. Mezcle en un recipiente el azúcar, 1/2 taza de agua, la sal y la leche. Póngalo a fuego alto, sin dejar de mover, hasta que dé un hervor. Baje la flama y deje hervir sin mover hasta que quede muy espeso. Retire del fuego.

2. Agregue la margarina, la vainilla y mezcle. Deje enfriar un poco sin mover.

3. Añada las nueces o cacahuates. Mezcle bien. Extienda el dulce sobre un platón engrasado. Deje endurecer y corte porciones.

3 claras de huevo
1 1/2 tazas de azúcar granulada
1/2 cucharada cafetera de sal
1/2 cucharada cafetera de cremor tártaro
2 cucharadas cafeteras de jugo de limón
- unas gotas de pintura vegetal

Merengues

1. Bata las claras a punto de turrón y, sin dejar de batir, añada poco a poco el azúcar, la sal, el jugo de limón, el cremor tártaro y las gotas de pintura vegetal.

2. En un molde engrasado y enharinado ponga cucharadas chicas de la mezcla con suficiente distancia entre ellas. Hornee a fuego bajo durante una hora más o menos. Despegue los merengues y póngalos en una cesta.

Compota de ciruelas

30 ciruelas
corrientes
1 1/2 tazas de azúcar
1 ramita de canela

1. Lave las ciruelas.
2. Póngalas en una olla con el azúcar, la canela y 3 tazas de agua. Cueza a fuego medio durante 30 minutos. Sirva frío o caliente.
(Se puede hacer con cualquier fruta de estación.)

Tejocotes en miel

1 kg de tejocotes
1 panocha de
  piloncillo
1 raja de canela
2 clavos

1. Lave los tejocotes. Hiérvalos. Retírelos del fuego y pélelos. Aparte el agua.
2. Disuelva el piloncillo en el agua de los tejocotes caliente para obtener una miel ligera. Añada los tejocotes, la raja de canela y los clavos. Hierva hasta que se cuezan los tejocotes. Sirva frío o caliente.

Ponche de ciruelas

12	ciruelas pasa sin hueso
2	cascaritas de naranja
1	taza de ron
1	pizca de canela en polvo
1/2	taza de azúcar
–	jugo de 2 naranjas
–	jugo de 1 limón

1. Hierva las ciruelas en 6 tazas de agua (unos 15 minutos). Cuando estén suaves agregue los demás ingredientes en el agua hirviendo. Puede tomarse frío o caliente.

Ponche de granada

3	granadas
1	taza de jarabe de granadina
1	taza de tequila
1	raja de canela
100	g de cacahuate picado

1. Hierva 6 tazas de agua con la canela y la granadina; añada el tequila.
2. Prepare tazas con un poco de cacahuate, los granos de las granadas y vierta el ponche.

Horchata de arroz

2 **tazas de arroz**
1 **cucharada cafetera de canela molida**
1 **taza de leche evaporada**
— **azúcar al gusto**

1. Lave y remoje el arroz en 8 tazas de agua hervida.
2. Licuelo con su misma agua, el azúcar y la leche.
3. Cuele y sirva con hielo picado y canela en polvo.

Agua de alfalfa

1 **manojo chico de alfalfa**
2 **limones**
— **azúcar**

1. Hierva y ponga a enfriar 4 litros de agua.
2. Lave la alfalfa y lícuela junto con los limones partidos en rebanadas con todo y cáscara y azúcar al gusto. Cuele y sirva.

Agua de jamaica

150 **g de flor de jamaica**
— **azúcar**

1. Hierva en 4 litros de agua la jamaica.
2. Deje enfriar, cuele, endulce al gusto y sirva. (Puede agregar hielo picado.)

Contenido de los demás volúmenes de la serie

La colaboración de la Compañía Nacional de Subsistencias Populares, el Departamento del Distrito Federal, el Instituto Mexicano del Seguro Social y del Instituto de Seguridad y Servicios Sociales de los Trabajadores del Estado, hizo posible la realización de estos libros.

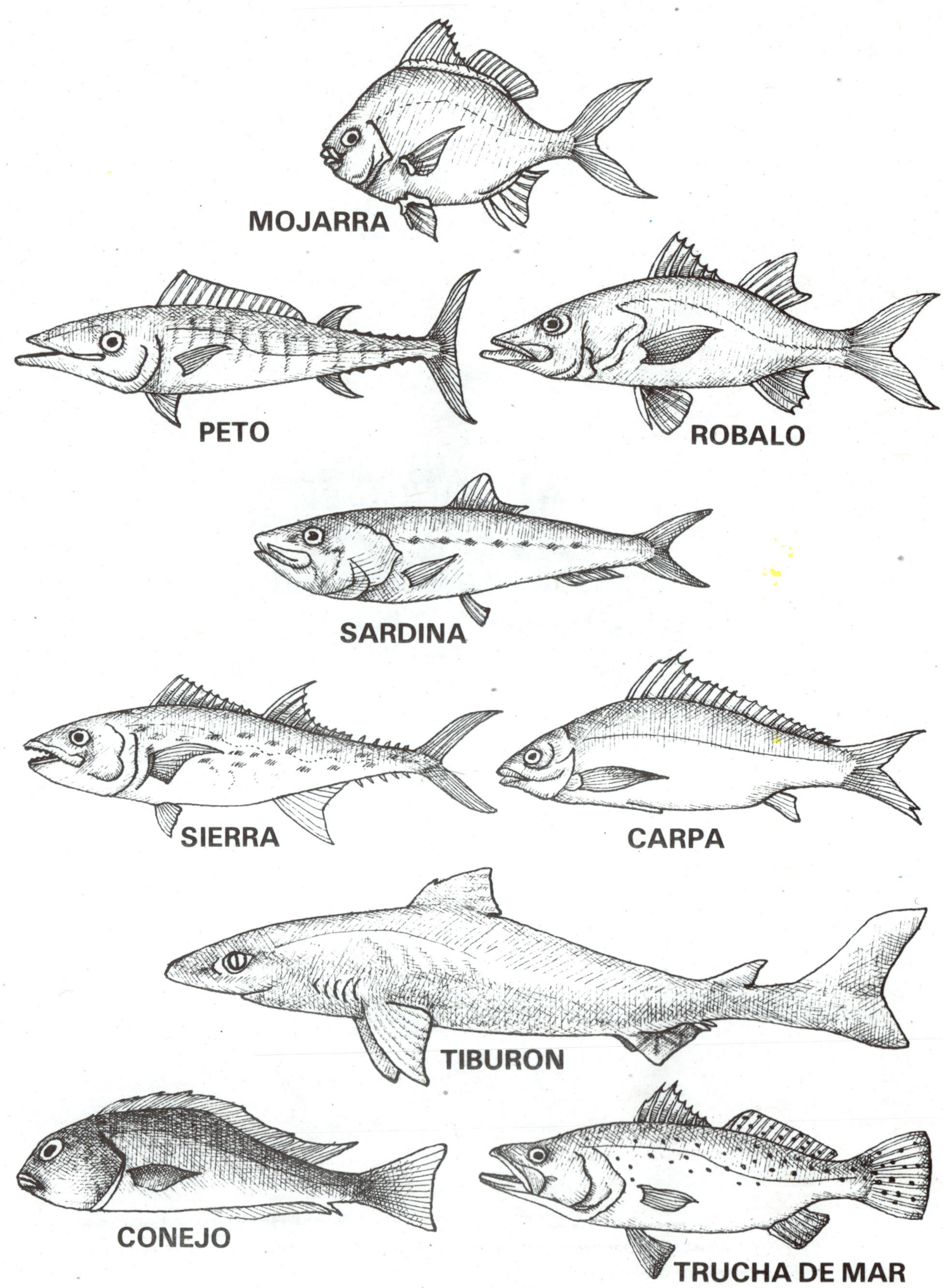

MOJARRA
PETO
ROBALO
SARDINA
SIERRA
CARPA
TIBURON
CONEJO
TRUCHA DE MAR